**Über den Autor:**

Dr. phil. Horst Nägele, Jg. 1934, lebt auf der Insel Fünen (Dänemark), ist Sprachwissenschaftler, Philosophiehistoriker und Literaturwissenschaftler. Er studierte Germanistik, Skandinavistik, Anglistik und Philosophie an den Universitäten Kiel, Newcastle upon Tyne (England) und Aarhus (Dänemark). 1969 Promotion an der Universität Kiel.

Bereits seit den 1950er Jahren tritt er für eine stimmige Lebensqualität ein und praktiziert seitdem Yoga und Meditation. Er leitete Kurse in autogenem Training, Meditation und Yoga. Er hielt sich in fernöstlichen buddhistischen Klöstern der Theravada-Tradition, dann in solchen der Gelugpa-Linie des Vajrayana auf, wo er auch eine Maha Anuttara Yogatantra-Einweihung entgegennahm.

Horst Nägele

# Liebe leben

Meditationen der Achtsamkeit
für ein umsichtiges Miteinander

Verlag Zeitenwende

*Horst Nägele:* Liebe leben
Meditationen der Achtsamkeit für ein umsichtiges Miteinander


Dresdner Straße 90
01454 Radeberg
www.verlag-zeitenwende.de
buecher@verlag-zeitenwende.de

Umschlaggestaltung: Verlag Zeitenwende
Satz: Verlag Zeitenwende

1. Auflage 2010

Die Deutsche Bibliothek - CIP-Einheitsaufnahme
Ein Titelsatz für diese Publikation
ist bei der Deutschen Bibliothek erhältlich.

ISBN 978-3-934291-57-7



* * *

Die Ratschläge in diesem Buch sind vom Autor und vom Verlag sorgfältig erwogen und geprüft, dennoch kann eine Garantie nicht übernommen werden. Eine Haftung das Autors beziehungsweise des Verlages und seiner Beauftragten für Personen-, Sach- und Vermögensschäden ist ausgeschlossen.

# Inhaltsverzeichnis

*Der Andere ist jener,*
*der mir erlaubt,*
*mich nicht endlos zu wiederholen.*

(Jean Baudrillard)

# Vorwort

»Liebe macht blind«, sagt ein altes Sprichwort – die große Liebe kann mit einer großen Enttäuschung enden. Es ist daher für zwei Menschen, die sich näherkommen, angebracht, auf einiges mehr zu achten als sie in ihrem ersten Glücksgefühl wahrnehmen möchten. Setzt eine stabile Beziehung doch voraus, daß beide Seiten mit den jeweils eigenen Voraussetzungen ins Reine gekommen sind.

Da gilt es also, daß jeder der beiden zunächst einmal auf sich selbst zu schauen hat. Dazu bietet sich die seit 2.500 Jahren bewährte Vipassana-Meditation aus der Schule des Theravada-Buddhismus an. Die Vipassana-Meditation hat sich als geeignet erwiesen, nachhaltig Achtsamkeit und Bewußtheit (*satipatthana*) zu entwickeln. Die einzelnen Schritte dahin sind hier in diesem praktischen Ratgeber ausführlich beschrieben. Anschließend werden mit Blick auf ein umsichtiges Miteinander geeignete Visualisierungen aus der Tradition des tibetischen Buddhismus vorgestellt.

Die Umsetzung in die Praxis hat mit der stets aufs neue hilfreichen Grundübung der einfachen Atembetrachtung (*anapanasati*) zu beginnen. Dazu begibt man sich in eine geeignete Sitzstellung und konzentriert sich auf den gegenwärtig verlaufenden Atemvorgang, wie er in den kontinuierlichen Bewegungen der Bauchdecke sich mitteilt. Wahrgenommen werden kann der Atemvorgang aber auch – was allerdings etwas schwieriger ist – in der Weise, daß man seine Aufmerksamkeit an die Naseneingänge bringt und dort die vom Atemfluß jeweils ausgelösten Reizempfindungen beobachtet. Die während der Sitzungen anfänglich noch störende spontane Gedankentätigkeit wie auch etwaige Empfindungen eines Unbehagens, auch die direkt von Schmerzen herrührenden, sind nach Möglichkeit nicht weiter zu beachten. Auf solchem Wege können sie in das Feld der Betrachtung allmählich einbezogen werden, sie sind damit gleichermaßen wie der spontane Atemvorgang Gegenstand einer entspannten Konzentration, in der eine anhaltende Achtsamkeit zu erreichen sein wird, durch die unheilsame Abhängigkeiten ihre Macht verlieren.

Die im weiteren dargestellten Visualisierungsverfahren im Sinne des Vajrayana, für das der tibetische Buddhismus steht, sind mit ihrem produktiven Als-Ob in erster Linie einem Handeln förderlich, das allen Lebewesen zuträglich ist. Zur Pflege der Partnerschaft insbesondere sind zudem Tips zu einer meditativ-intuitiven Partnermassage beigestellt. Zu weiterer Selbsterkundung ist die Beschreibung einer gesteuerten inneren Reise angefügt.

Die in diesem Band in einer einfachen Sprache dargestellten Ratschläge wollen auf dem Weg zu einem gedeihlichen Leben eine verläßliche Orientierung sein. Das Buch schließt mit einer Reihe veranschaulichender Texte zu dem, was im zentralen Teil dieses Ratgebers ausgeführt ist. Den Schlußtakt bildet ein Kapitel »Ich gebe den durch mein Praktizieren erworbenen mentalen Zugewinn frei«, das Überlegungen mit Blick auf ein Bodhisattva-Gelöbnis enthält.

*Horst Nägele*

## Wenn sich zwei gefunden haben

Aus sich selber leben, sich anderen mitteilen, mit einem ganz bestimmten Menschen teilen und zusammen erleben und das Erleben teilen, alles erleben, was zu erleben ist, mit dem oder der Geliebten zusammen Mensch sein – was kann man Besseres wollen? Doch noch ehe zwei Menschen, die sich gefunden haben, dazu kommen, miteinander ihre paradiesische Zweisamkeit zu genießen, werden sie in der Regel auch schon eingeholt von ihrem sozialen Umfeld und erst recht von ihrer je eigenen Geschichte. Zusammengefunden haben da nicht zwei Menschen, die sich lieben, als vielmehr zwei sich gegenseitig bedingende Rollen sowie die von den Elternpaaren überkommenen verhängnisvollen Strategien. Das wie aufeinander Zugeschnittene läßt alles flott vonstatten gehen bei dem sich gefundenen Paar, bis – und das im günstigen Falle – die beiden zu fragen beginnen: Wie kommt es denn, daß wir uns so und so und nicht anders zueinander verhalten? Ist unser Zusammenspiel womöglich von vornherein soviel wie festgelegt, etwa durch die Eltern als Vorbilder wie durch unsere Erzieher und deren in uns gesetzten Erwartungen? Wenn dem so wäre, sollte ich da nicht besser für mich allein bleiben? Oder brauche ich die Gesellschaft des anderen womöglich deshalb, weil ich halt nicht allein sein möchte? Geht es meinem Partner vielleicht ähnlich? Haben wir uns dann deshalb gefunden, um uns gegenseitig die Langeweile zu vertreiben, also weniger mit dem Ziel vor Augen, unser Leben zu teilen, alles zusammen zu erleben, wie wir uns das vorstellen?

Nein, ich will weder das eine noch das andere. Ich muß wissen, wer du eigentlich bist, in den/die ich mich verliebt habe? Oder sollte ich vielmehr fragen: Wer bin denn *ich*? Was sind *meine* Bedürfnisse, *meine* Sehnsüchte, und was für eine Rolle habe *ich* dabei *dir* zugedacht? Immerhin könnten wir klare Absprachen treffen darüber, was *wir* miteinander wollen und vor allen Dingen was *nicht* – sofern und solange wir etwas zusammen im Sinn haben und wir miteinander übereinstimmen. Vielleicht wirst du in vielem ganz anders sein, als ich mir das vorgestellt hatte, wie auch ich in so manchem sicher anders sein werde, als es dir vorschwebte, aber gerade deshalb brauche ich dich, und zwar gerade so, wie du bist und nicht anders – wie du vielleicht auch mich brauchst, gerade so, wie ich bin und nicht anders und wie ich auf jeden Fall *dich* brauche.

## Sollte er/sie aber nicht?

Gewöhnlich hat unser Partner, unser Lebensgefährte für uns so und so und nicht anders zu sein. Auch wenn wir nicht immer die klarsten Vorstellungen davon haben, was wir mit uns selbst und mit dem anderen wollen, beanspruchen wir dennoch zu wissen, welche Qualitäten der Gefährte real haben darf. Doch solange ich nicht mit mir selber im Reinen bin, ist es sicher so, daß ich bei der Wahl meines Lebenspartners wohl oder übel den – meist unausgesprochenen – Wünschen meiner Umgebung folge, womöglich unter der Fuchtel der »Schwarzen Pädagogik« – so benannt von der psychologischen

Zunft –, mit deren Hilfe ein Kind ja am effektivsten dazu gebracht werde, sich bei seinen Entscheidungen und mit allen seinen Handlungen nach seinen Erziehern zu richten, sich einzupassen, sich in die Gefühle und Leiden der Eltern hineinzuleben und weniger selbst zu empfinden und zu handeln. Auch wenn dieses Kind sich noch so vehement gegen die Eltern und Erzieher auflehne, nachdem es hinter ihre Strategien und Spielchen gekommen ist und selber es besser machen möchte. Demnach sind meine Entscheidungen nie anders als durch die elterlichen Verhaltensmuster bestimmt gewesen, zumal in Situationen, in denen ich die entsprechenden Zwänge alles andere als zu durchschauen vermochte, nachdem mich diese in Besitz genommen haben, auch wenn ich ein ganzes Leben lang versuchte, die Freiheit zu erlangen.[1]

Mit dem erwählten Partner nun soll es auf jeden Fall entschieden anders gehen, als wir es im Zusammensein mit unseren Eltern und Erziehern gewohnt gewesen sind. Also wehe, wenn sich dann herausstellen sollte, daß der/die Geliebte dennoch nicht meinen Erwartungen entspricht, daß er/sie meinen ureigenen (oder hierfür gehaltenen) Gefühlen nicht immer gehörig zu entsprechen weiß! Hatte ich mich doch in meinem Gegenüber finden wollen, nichts Störendes also sollte da Raum haben können.

[1] Vergleiche Alice Miller, *Das Drama des begabten Kindes und die Suche nach dem wahren Selbst*, Frankfurt am Main: Suhrkamp, 1982, S. 149 f.

# Die Eltern

Die Probleme, die ich mit den (eigenen) Eltern hatte und habe, konnten nicht aufgearbeitet werden, da die Eltern für mich, der ich ihr Kind bin, ganz klar unangreifbar gewesen sind – und die gegenwärtigen Schwierigkeiten mit dem Gefährten/der Gefährtin lassen sich womöglich gerade hiermit erklären. Solche Krisen kommen den Eltern wiederum sehr gelegen, denn nun können sie sich erst recht als eine moralische Instanz etablieren und ihre Urteile fällen, es ist für sie *die* Gelegenheit, »helfend« einzugreifen – bis die in Frage stehende Beziehung schließlich vollständig kaputt ist. Und das seit langem bereits ins Erwachsenenalter gekommene Kind wird frisch fröhlich frei bald auch schon wieder einen neuen Gefährten gefunden haben, mit dem zusammen es natürlich kaum anders ablaufen wird als wie gehabt.

Von ihrer engagierten »Hilfsbereitschaft« profitieren die Eltern in mehrfacher Hinsicht. In erster Linie dadurch, daß in *ihrem eigenen* mehr oder weniger problematischen Zusammenleben *immer noch und auch jetzt wieder* soviel wie nichts sich zu bewegen braucht – mit den spezifischen Problemen und Defiziten der Eltern hat sich die ganze Zeit ja schon ihr von ihnen umhätscheltes Kind herumzuschlagen gehabt, freilich ohne sich dessen bewußt zu sein. Der inzwischen erwachsene Sprößling hat die Unstimmigkeiten aus dem Elternhaus dann auch auf die eigene Liebesbeziehung übertragen, wo der erwählte Lebenspartner, ohne die Zusammenhänge zu ahnen, von Anfang an eine entsprechende Rolle zu spielen hat. Und deswegen geriet diese Beziehung immer mehr unter Druck – in Verkennung der jeweils eigenen Voraussetzungen bezichtigt man sich nun gegenseitig auch noch der Unaufrichtigkeit, als ob es zu demonstrieren gelte, daß man selber im Recht ist.

## Wenn sich aber was verfestigt hat?

Aber warum auch sollte ich gerade meinem Partner/meiner Partnerin gegegenüber so mir nichts dir nichts klein beigeben – darf ich denn nichts äußern, wo ich mir meiner Sache sicher bin? Auf der Stelle möchte ich mein Recht behaupten dürfen und nicht erst im nachhinein, wo ich dann auf Nebenschauplätze auszuweichen hätte, nachdem ich da, wo's galt, nicht zum Zuge gekommen war. Von klein auf war ich ja immer wieder in Situationen geraten, in denen ich mich nicht spontan wehren konnte, vor allem nicht gegen meine Erzieher und gegen all das, was mit der Familie zu tun hatte. Und nun habe ich mich in der besten Absicht zu einem Gefährten gesellt, mit dem alles ganz anders sein sollte, mit dem ich frei heraus und offen reden können möchte. Und da ich für *dich* und auch für *mich* nur das Beste will, hätte eigentlich nichts schiefgehen dürfen. Da es dann dennoch anders gekommen ist, habe ich mich allerdings zu fragen, wie ich überhaupt in diese mißliche Lage geraten konnte, Schlachten schlagen zu müssen mit einem Menschen, den ich eigentlich lieben und immer nur lieben möchte. Ich finde keine Antwort darauf.

Liegt es vielleicht irgendwie an mir selber? Hab' ich mich denn nicht schon einige Male dabei ertappt, daß ich mich ausgerechnet in Momenten intimster Freude etwas ungereimt verhalte und daß ich in gewissen Situationen wie meine Mutter und wie mein Vater reagiere? Und vielleicht habe ich auch da, wo ich davon überzeugt bin, daß ich ganz offensichtlich zu etwas benutzt werde, wovon in der Psychologie als von einer »Übertragung aus dem jeweiligen Elternhaus« die Rede ist, mich zu fragen, wieweit ich gerade da, wo ich mich in keiner der auf mich gezielten Beschuldigungen zu erkennen vermag, selbst dazu beigetragen habe, daß die Routinen deinerseits haben möglich werden können, und mich damit also selber in die fragliche Rolle gebracht habe. Bin ich womöglich einfach der Typ, der gegebenenfalls einiges auf sich zieht, der sich benutzen läßt, dem man die entsprechenden »Liebesbeweise« abverlangen kann, im Guten wie im Bösen?

Woher nimmt mein Partner/meine Partnerin aber das Recht, mich in einer ganz bestimmten Rolle zu haben? Und hätte das vielleicht vermieden werden können durch ein entsprechend umsichtigeres Verhalten meinerseits? Handelt es sich womöglich um so etwas wie »Wiederholungszwang«, durch den ein Mensch – hier sei Alice Miller zitiert – *»aus ihm unbegreiflichen Gründen immer wieder Situationen herstellen und Beziehungen anknüpfen* [wird]*, in denen er den Partner quält oder von ihm gequält wird oder beides zusammen«.*[2] Und wenn *»einem redlichen Menschen*

[2] Alice Miller, *Am Anfang war Erziehung*, Frankfurt am Main: Suhrkamp, 1983, S. 302.

*die Tragik seiner Kindheit vollständig hinter Idealisierungen verborgen bleibt, dann muß sich die unbewußte Kenntnis des wahren Sachverhalts auf Umwegen durchsetzen«*[3]. So gesehen kommt es sehr darauf an, die von den Eltern und den Erziehern übernommenen Verhaltensmodelle zu durchschauen, will ich die in mir produktiven schädlichen Gewohnheiten abbauen und verabschieden.

Die folgenden Kapitel möchten dazu einladen, etwas aufmerksamer zu sein auf meine, auf unsere von den Eltern und den Erziehern übernommenen Reaktionsmuster. Es werden einige Instruktionen zur Entwicklung von Achtsamkeit und zu deren Festigung angeboten, mit dem Ziel, die in uns, will sagen die in mir produktiven schädlichen Gewohnheiten abzubauen und zu verabschieden.

## Die fünfschichtige Fremdbestimmtheit in einer Beziehung ergründen

Als erstes habe ich die Interaktion zwischen meinen Eltern und mir etwas näher zu betrachten. Von da aus lassen sich dann auch am ehesten die Positionen der Mutter und des Vaters in ihrem Verhältnis zueinander unter die Lupe nehmen. In einem dritten Schritt müßte die Befindlichkeit meines Partners in dessen Beziehung zu sei-

[3] Ebenda.

nen/ihren Eltern ins Licht gerückt werden können, und in einem vierten Schritt wäre das Verhalten jener Eltern zueinander zu betrachten – wobei für mich als Außenstehenden in diesem Fall von Nachteil ist, daß ich dort die relevanten Daten nicht unmittelbar ablesen kann, wodurch natürlich meine Möglichkeiten einer Beurteilung dementsprechend eingeschränkt sind. Andererseits bin ich aber gerade als Betrachter von außerhalb bei den für die Familie der Gegenseite spezifischen Reflexen, Tabus, Emotionen und Verdrängungen viel eher als die unmittelbar Betroffenen in der Lage, die dortigen Verhältnisse zu durchschauen; in dieser Hinsicht hat es der Betrachter von außerhalb also leichter als der unmittelbar Betroffene. Natürlich sind wesentliche Lösungen nicht schon nach einem ersten Anvisieren der zu bewertenden Konstellationen zu erwarten, zumal auch jede Seite ungern die eigene Position gerade in ihrer Abhängigkeit von den Strategien der eigenen Eltern untereinander und dem Kinde gegenüber preisgeben wird und zumal auch jeder von uns beiden womöglich auch noch zu einer Verteidigung gerade der ihn selbst schädigenden Gegebenheiten bereit ist. Um so mehr kommt es bei den aufgezeigten Schritten auf größte Sorgfalt an, auch wenn fürs erste alles soviel wie abgeschottet erscheinen mag auf beiden Seiten.

## Interaktion zwischen Eltern und Kind

Die vorgeschlagenen Erkundungen haben folgerichtig bei den erfahrenen psychischen Schädigungen aus den in der Regel traumatischen Beziehungen zwischen den Eltern und den Kindern anzusetzen, auch wenn den schädigenden Phänomenen nicht so ohne weiteres beizukommen ist. Fürs erste kann indessen von einer reichhaltigen Literatur Gebrauch gemacht werden, in der aufgezeigt wird, in welcher Weise die Entfaltungsmöglichkeiten und die Entwicklungsschritte eines jeden Kindes und auch die eventuellen Störungen vornehmlich durch die psychischen Defizite der Eltern determiniert sind. Repräsentativ für unseren Zusammenhang sei nochmals aus den engagierten wie nachhaltigen Darlegungen von Alice Miller zitiert, wo ausdrücklich auf die Vorarbeiten ihrer Kollegen D. W. Winnicott, Margaret S. Mahler und Heinz Kohut Bezug genommen wird:

»*1. Es ist ein ureigenes Bedürfnis des Kindes, als das, was es jeweils ist, und als* Zentrum der eigenen Aktivität *gesehen, beachtet und ernstgenommen zu werden. Im Unterschied zum Triebwunsch handelt es sich hier um ein genauso legitimes, aber* narzißtisches Bedürfnis, *dessen Erfüllung zur Bildung eines gesunden Selbstgefühls unerläßlich ist.*

2. *›Das, was es jeweils ist‹ meint:* Gefühle, Empfindungen und ihren Ausdruck, *bereits beim Säugling. ›Die inneren (!) Empfindungen des Säuglings und Kleinkindes‹, schreibt M. Mahler, ›bilden den Kern des Selbst. Sie scheinen der Mittel-, der Kristallisationspunkt des Selbstgefühls zu bleiben, um das herum das* Identitätsgefühl *errichtet wird.‹ (1972, S. 17)*

*3. In der Atmosphäre der* Achtung und der Toleranz für die Gefühle des Kindes *kann das Kind in der Trennungsphase die Symbiose mit der Mutter aufgeben und die Schritte zur Individuation und Autonomie vollziehen.*

*4. Damit diese Voraussetzungen des gesunden Narzißmus möglich wären, müßten die Eltern dieser Kinder ebenfalls in einem solchen Klima aufgewachsen sein.*

*5. Eltern, die dieses Klima als Kinder nicht bekommen haben, sind narzißtisch* bedürftig, *d. h. sie suchen ihr ganzes Leben, was ihnen ihre eigenen Eltern zur* rechten *Zeit nicht geben konnten: ein Wesen, das ganz auf sie eingeht, sie ganz versteht und ernstnimmt, das sie bewundert und ihnen folgt.*

*6. Dieses Suchen kann natürlich nicht voll gelingen, denn es bezieht sich auf* eine unwiderruflich vergangene Situation, *nämlich die erste Zeit der Selbstformung.*

*7. Aber ein Mensch mit einem ungestillten und* unbewußten – *weil abgewehrten* – Bedürfnis *ist einem* Zwang *unterworfen, das Bedürfnis doch noch auf Ersatzwegen befriedigen zu wollen.*

*8. Am meisten eignen sich dazu die* eigenen Kinder. *Ein Neugeborenes ist auf Gedeih und Verderb auf seine Eltern angewiesen. Und da seine Existenz davon abhängt, ihre Zuwendung zu bekommen, tut es auch alles, um sie nicht zu verlieren. Es wird vom ersten Tag an alle seine Möglichkeiten einsetzen, wie eine kleine Pflanze, die sich nach der Sonne dreht, um zu überleben.«*[4]

[4] Alice Miller: *»Das Drama des begabten Kindes und die Suche nach dem wahren Selbst«*, Suhrkamp, Frankfurt am Main, 1982, S. 21 ff.

Diese *»Abhängigkeit des Kindes von der Liebe seiner Eltern macht es ihm auch später unmöglich, die Traumatisierungen zu erkennen, die oft das ganze Leben hinter den Idealisierungen der Eltern der ersten Jahre verborgen bleiben«.*[5] Da kommt es dann zu den »Wiederholungen« (siehe »Wenn sich aber was verfestigt hat?«, Seite 15 ff.), nachdem man – wie das die Regel ist – *»seine eigene,* [einem Menschen] *angemessene Form der Aggression«* nicht entwickeln konnte. Damit dies aber möglich wäre, müßte ein Mensch *»die alten verdrängten, weil verbotenen, Rachephantasien in sich entdecken und erleben können. Erst diese führen ihn zu seiner echten kindlichen Empörung und Wut, die der Trauer und Versöhnung Platz machen können«.*[6]

Das Kind, das natürlich seine Eltern spontan liebt, die ihrerseits allerdings aus einer narzißtischen Bedürftigkeit lieben, liefert sich dadurch deren Macht aus. Die Eltern können – hier sei der dänische Literaturwissenschaftler Jørgen Kjaer zitiert – *»durch die liebende Tätigkeit des Kindes, d. h. durch seine ureigene, spontane, seelische Aktivität und Energie, ihm alle seine spontanen Gefühle für ihre Zwecke entwenden und sie gegen die elementarsten Lebensinteressen des Kindes kehren. Sie können dadurch nicht nur dirigieren, was das Kind denken und tun soll, sondern auch was es fühlen und nicht fühlen soll. Dies kann bis zur psychischen Liquidierung des Kindes getrieben werden. Solange es noch psychisch am Leben ist, wird sich das Kind gegen diese Enteignung wehren und eigenes zu retten versuchen, dabei*

[5] Alice Miller, *Am Anfang war Erziehung*, Frankfurt am Main: Suhrkamp, [1980] 1983, S. 18.
[6] Ebenda, S. 305.

*spielen aber unrealistiche Phantasien und Selbstbetrug eine wesentliche Rolle. Aufklärung ist in diesem Zusammenhang nicht nur die intellektuelle Einsicht in das, was sich tatsächlich zwischen einem selbst als Kind und den Eltern abgespielt hat, sondern vor allem das emotionale Zurückgewinnen dessen, was Alice Miller, die ›verlorene Welt der Gefühle‹ nennt. Zur Aufklärung gehört somit nicht nur Re-flexion, sondern vor allem Re-sentiment, Nachfühlen, aber im umgekehrten Sinne als bei Nietzsches ›Ressentiment‹, nicht als permanentes rachsüchtiges Nachtragen gegenüber dem Übermächtigen, dem man alle Schuld am eigenen Leiden zuschiebt, sondern als Wiedergewinnung der Fähigkeit, seine wahren Gefühle zu merken und auszudrücken, zu denen freilich auch die weniger noblen Gefühle gehören.«*[7]

Man kann in diesem Zusammenhang »Einstellungen und Potenzen« postulieren, die zu der grundlegenden humanen Fähigkeit des Lieben-Könnens, will sagen des Geben- und Nehmen-Könnens, des Mitgefühls, der Offenheit, des Vertrauens, der Achtung vor dem anderen führen.

Da den Defiziten in der Liebesfähigkeit also wenig durch intellektuelles Wissen beizukommen ist, werden für ein Bejahen der eigenen Empfindungen und Gefühle in diesem Buch eine Reihe von Übungen zur Entwicklung und Festigung von Achtsamkeit und auch eine Partnermassage vorgestellt.

[7] Jørgen Kjaer, *Friedrich Nietzsche. Die Zerstörung der Humanität durch ›Mutterliebe‹*, Opladen: Westdeutscher Verlag, 1990, S. 28.

## Worin besteht mein Leben?

*»Offenheit (Sanskrit* sunyata, *tibetisch* stong-nyid*) ist im Buddhismus ein Schlüsselbegriff. In Ost und West zwar zu etwas ›Leerem‹ oder einer Art ›Leerheit‹ reduziert, ist Offenheit im Grunde reines Potential und löst als solches den Dualismus zwischen Pseudo-Objektivität (Welt) und Pseudo-Subjektivität (Ego). [...] Offenheit ist reine, nicht-mechanistische Kraft und wird als organisierendes Prinzip am treffendsten mit ›einer bis zum höchsten gesteigerten Intelligenz‹ (tibetisch* rig-pa) *umschrieben. Für diese Offenheit gilt die Metapher des Himmels – ein unermeßlicher Raum, in dem sich in unaufhörlichem Spiel Wolken formen und wieder auflösen.«*

(H. V. Guenther, »Prozeßdenken und buddhistische Psychologie«, *Bodhi Baum*, 3/1993, S. 12)

Die Defizite einer Liebesfähigkeit zu bearbeiten ist sehr schwierig, auch dann, wenn man seinen qualifizierten Therapeuten gefunden hat. Er oder sie haben sich Zeit zu nehmen. Abgesehen davon, daß – wie es auch sei – die entscheidende Initiative zu einer nachhaltigen Veränderung stets vom Betreffenden selbst auszugehen hat. Aus reiner Bequemlichkeit scheut man aber schon das Geringste an Neuem. Nur nichts an sich heranlassen, um an den eingefahrenen Routinen nichts bewegen zu müssen, als ob die ganze Existenz auf dem Spiele stehe.

Solange man jung und dumm gewesen ist, war alles viel einfacher. Inzwischen ist man ein brauchbarer Mann, eine brauchbare Frau der Stunde und ach so wichtig geworden: Freitag abends gerade noch mit der letzten Maschine zurückkommend, um endlich das machen zu können, was man schon immer wollte und was man wirklich will, zusammen mit seinen Lieben versteht sich, falls die nicht andere Pläne haben.

Wie wichtig bin ich denn? Für die anderen? Für mich selber? Und diese anderen, wer sind sie? Was sind sie mir? Könnte ich auch gut ohne sie sein? Oder brauche ich sie, brauchen sie mich, brauchen wir uns womöglich gegenseitig? Sie sind auf jeden Fall genauso auf der Welt wie ich es bin. Fühlen sie dann auch in gleicher Weise wie ich? Können sie sich da auch über all das freuen, was zum Beispiel mir Freude macht? Oder nervt auch sie, was mich nervt?

Oder besitzen die anderen vielleicht, was ich selber nicht habe, doch gerne hätte? Weshalb ich sie beneide, sie hasse? Im Namen einer höheren Gerechtigkeit natürlich. Aber vielleicht haben sie gar nicht so viel von ihrem Besitz, außer ihren Kummer damit? Doch ich will ja auch nicht exakt das gleiche besitzen wie jedermann. Und schon gar nicht will ich ganz so sein, wie sie alle sind. Möchte auch nicht ein und dasselbe tun wie sie alle, will schon gar nicht nachvollziehen können, mit welchen Gefühlen sie ihrer täglichen Arbeit nachgehen. Und wozu sollte ich mich mit ihnen freuen, wenn sie es endlich geschafft haben? Was hat das alles mit mir zu tun? Es macht krank. Wozu sollte ich mich messen müssen? Oder bekommt mein

Leben erst durchs Messen seine Würze, seinen Sinn? Liebe ich es nicht, zu leben, wie es mir gefällt? Um zu messen oder nicht zu messen, ganz wie mir ist?

Nicht mehr messen, nicht mehr lieben, nicht mehr hassen – lohnt es sich da noch zu leben? Mit so ganz und gar nichts von dem Gewohnten, kommt das nicht einem ewig sich dahinziehenden Selbstmord gleich? So ganz ohne alles leben zu müssen? Da werden mir meine Zeitgenossen ja nicht einmal mehr zum Kotzen sein können?

Dann also lieber den ganz schnellen Tod, den Selbstmord im Ruckzuckverfahren? Falls mir damit gedient wäre? Überhaupt, würde denn der um meinen Körper, mein Empfinden, mein Bewußtheit fließende Energiestrom sich in ein Nichts auflösen lassen können? Auch wenn sich das so machen ließe, was wäre damit gewonnen? Ich möchte doch gewinnen, bei so einem Sofort-Selbstmord müßte also schon einiges für mich herausspringen. Oder ginge es mit diesem Selbstmord auf Lebenszeit vielleicht doch noch besser, solange sich mein Leben irgendwie noch erträglich leben läßt? Ich könnte dann immerhin noch mitbekommen, wie im Frühjahr in der Natur alles wieder da ist, wie alles wieder auflebt, und dann wie es im Herbst wieder dahinwelkt, stirbt, bis es wieder Frühjahr wird. Da könnte ich dann noch einmal miterleben, könnte mich noch einmal freuen.

Wenn ich mich in einem ewigen Fließen, Werden und Vergehen sehe, kann ich mich fragen: Warum bin gerade ich das Ich, das ich nun einmal bin? Warum bin ich nicht ein anderes Ich, das sich sicher genauso als ein Ich versteht, wie ich mich selber als Ich begreife? Wie kommt es zu so einem Ich? Worauf begründet sich mein Ich im Gegensatz zu einem Nicht-Ich?

Johann Gottlieb Fichtes Initial-Satz zu einer deutschen idealistischen Philosophie soll hier beiseite bleiben, geht es mir doch weit mehr um die Frage: Wieso fühle ich mich als mein eigenes Ich und nicht als das Ich einer/eines anderen? Und wie verstehen sich die anderen in jeweils ihrem Ich ebenfalls als ein Ich, als ein Ich, das nicht mein Ich ist, sowenig wie mein Ich das Ich anderer, will sagen dein Ich sein kann?

Ich bin eigentlich froh darüber, daß wir uns gegenseitig voneinander abheben, auch wenn ich mir manchmal vorstellen könnte, mich in das Gegenüber hineinzuversenken, auch ich möchte mich ja weniger an der glatten Oberfläche entlang als vielmehr tief aus meinem Innern heraus verstanden wissen. Der von mir empfundene Mangel an Kommunikation macht mich unglücklich, läßt mich in einem Gefühl von Verlassenheit zurück, auch wenn ich mir noch soeben nichts sehnlicher gewünscht habe, als daß die Welt ganz für mich und nur für mich allein da sei: ich also das Subjekt und die Welt als Objekt? Vielleicht ist es dieses Besitzenwollen der Welt, was mich so einsam macht, und weshalb ich meine Zeitgenossen zu meinen persönlichen Babysittern erklärt habe?

Ist es das nun, was mein Ich konstituiert, daß nämlich mein Durst nach Aufmerksamkeit niemals zu stillen sein wird? Bin ich also gerade in meinem ewigen Gefühl eines Defizits unsterblich? Ich hatte von einer »Unsterblichkeit der Seele« geträumt, wenn schon eine Unsterblichkeit des Leibes nicht möglich zu sein scheint. Was aber soll die Unterscheidung von »Leib« und »Seele«, kann denn nur eines von beiden mein Ich ausmachen? Der Leib als Ich? Oder die Seele als Ich? Oder ist es vielleicht »der Geist«, was auch immer man in der deutschen Sprache darunter verstehen mag? Was oder wer ist das, mein »Ich«? Womöglich sind es meine Empfindungen, meine Gefühle, meine Wünsche, meine Sehnsüchte, oder ist es einfach das, was mich frustriert?

Nein, nicht so, es muß noch etwas anderes geben. Was aber? Ich bin nun einmal ein Wer. Aber wer denn? Doch nicht der, die oder das, was die anderen gerade zu meinem Wer zusammengebastelt haben? Doch ich gefalle mir in dieser Rolle, indem ich zu mir sage: ja, ich bin wer. Wer aber bin ich?

Wer bin ich und wer sind die anderen? Wodurch bekomme ich endlich die ersehnte Aufmerksamkeit, und wie kann es dabei zu einer mir nützlichen Kommunikation kommen? Oder hat allemal nichts anderes zu geschehen, als Macht zu demonstrieren hinter dikken Mauern, durch die kein Leben kommt. Oder zählt auch, daß einer/eine sich der/dem anderen öffnet, in ihm/ihr das wiedererkennt, was er/sie in sich selber spürt.

Die folgenden Kapitel mögen dazu anregen, Zeit mit mir selber zu haben und als erstes auf meine Gewohnheiten zu achten, um **mit dir** wie auch **mit mir selber** sowie **mit allen Zeitgenossen** wie überhaupt **mit allem Leben** sorgfältig umgehen zu können.

## Wie kann ich die bereits vorhandenen mir schädlichen Programmierungen auflösen?

> *»Nicht die Fakten prägen unsere Persönlichkeit, sondern wir benutzen die Fakten, um uns für unsre Zwecke eine Geschichte zu konstruieren. [...] Ich sah, wie ich schon in den ersten Lebensjahren entschieden habe, auf schmerzlich erlebte Erfahrungen auf ganz bestimme Art und Weise zu reagieren. [...] In späteren Jahren habe ich wieder und wieder in gleicher Weise gewählt und mich als Opfer gesehen. Und habe Menschen gesucht und dazu mißbraucht, diese frühen Erfahrungen auszugleichen, natürlich erfolglos. Habe wiederum andere Menschen gemieden, die negativen Bildern meiner Kindheit entsprachen, und allem war gemeinsam, daß ich nicht die Menschen gesehen habe, sondern die Bilder, die psychologischen Muster, die meine Wahrnehmung verunstalteten und einiges Leid hervorriefen, in mir und in anderen.«*
>
> (D. Bölter, »Sehen, was ich nicht sehen wollte...«, *Bodhi Baum*, 3/1993, S. 35 f.)

An meinen alteingefahrenen Gewohnheiten wird sich kaum von heute auf morgen viel verändern können. So zu tun als ob oder mir einzubilden, es wäre da etwas anders geworden, kann nur hinderlich sein. Sofern ich nicht sogar mich selbst betrügen will, muß ich mir schon einige Zeit lassen und auch genau hinschauen, ob im konkreten Falle bei mir sich vielleicht etwas eingeschlichen hat, was womöglich mich auch alles von oben herab erleben läßt, mich geradezu hindert, gewisse Neigungen abzubauen: zum Beispiel eine Vorliebe dafür, andere abzulehnen, zu verachten, zu mißbrauchen.

Die vorhandenen Programmierungen lassen sich, paradoxerweise, am besten dadurch abbauen, indem man sie nicht beseitigen will. Solches geschieht durch die hilfreiche Praxis der Vipassana-Meditation, in der sich meine Achtsamkeit und Bewußtheit (*satipatthana*) kontinuierlich verstärkt. Nicht wenige der qualifizierten Psychotherapeuten und Psychotherapeutinnen geben den vergleichsweise sanften meditativen Vorgehensweisen den Vorzug und machen sich bereits für ein **Meditieren statt Therapieren** stark. Die Grundvoraussetzung für ein Meditieren ist, daß ich Zeit mit mir selbst habe. Nachfolgend ist detailliert und Schritt für Schritt beschrieben, wie ich mich in meinen Meditationssitzungen und daran anschließend zu verhalten habe. Natürlich möchte ich, daß meine Erwartungen an die Sitzungen ganz schnell in Erfüllung gehen werden. Das kann wirklich auch mal so eintreten, je nachdem, was ich mir erhoffe. Ich tue aber gut daran, nicht nach Ergebnissen auf die Schnelle zu jagen. Am besten ist es, wenn man überhaupt nicht auf Ergebnisse spekuliert, auch wenn gerade eine gewisse Zielstrebigkeit zum Leben gehört.

## Wie teile ich es mir ein?

*»Wir sind eine Gesellschaft notorisch unglücklicher Menschen: einsam von Ängsten gequält, deprimiert, destruktiv, abhängig – jene Menschen, die froh sind, wenn es ihnen gelingt, jene Zeit ›totzuschlagen‹, die sie ständig einzusparen versuchen.«*

(E. Fromm, *Haben oder Sein. Die seelischen Grundlagen einer neuen Gesellschaft*, München: dtv, 16. Aufl. 1987, S. 17)

Hat es denn einen Sinn für mich, dieses sich in die Meditation begeben? Habe ich die Zeit zu all dem, was dazu empfohlen wird? Ich habe natürlich stets Zeit für das, was ich selber will, was ich wirklich will. Wenn ich weiß, was für mich paßt, und wenn ich davon überzeugt bin, daß bestimmte Übungen für mich wichtig sind, fasse ich den festen Entschluß, das, was ich vor Augen habe, in die Tat umzusetzen. Und dann darf sich auch nichts mehr dazwischenschieben, was die Regelmäßigkeit der Ausführung der gewählten Übungen beinträchtigen könnte. Siehe im übrigen das folgende Kapitel.

## Bewusste Entscheidungen

*»Eine bewußte Entscheidung sollte getroffen werden, wie lange wir beabsichtigen, zu üben; am Anfang mögen es nur fünf oder zehn Minuten sein. Es ist aber wichtig, diese Entscheidung zu treffen und sie einzuhalten. Denn der Geist wird alle Arten von Rechtfertigungen austüfteln, um uns zu veranlassen, das Vorhaben ein, zwei oder drei Minuten, bevor die festgesetzte Zeit vorüber ist, abzubrechen. Diesen Versuchungen müssen wir entschlossen widerstehen. Später werden wir merken, daß diese Versuchungen, die Übung aufzugeben, häufig eine Welle intensiver Konzentration ankündigen, während welcher die allerwertvollsten Meditationserfahrungen entstehen. Wenn wir nicht die Gewohnheit entwickeln, auszuhalten bis zum Ende unserer Sitzungsdauer, werden wir nie viel erreichen.«*

(In: H. Saddhatissa, *Des Buddha Weg*,
Berlin: Theseus, 3. Aufl. 1995, S. 65 f.)

Wenn ich weiß, was für mich paßt, und wenn ich davon überzeugt bin, daß bestimmte Übungen für mich wichtig sind, fasse ich den festen Entschluß, diese auch in die Tat umzusetzen. Von da an darf sich natürlich auch nichts mehr dazwischenschieben, was die regelmäßige Ausführung der gewählten Übungen beinträchtigen könnte.

Auch treffe ich vor jeder Sitzung, vor jedem Praktizieren eine bewußte Entscheidung darüber, was ich im einzelnen alles in der von mir dafür angesetzten Zeit durchnehmen werde. Die Übungsdauer lege ich jedesmal bis auf die Viertelminute genau fest, auch nicht im geringsten darf hiervon abgewichen werden. Sollte es im Verlaufe einer Sitzung scheinen, daß das ganze dieses Mal keinen Sinn habe, darf ich nicht abbrechen. Auch nicht, indem ich mir sage, »auf die letzten paar Minuten kommt es nun auch nicht mehr an«. Und erst recht nicht, wo mich eine »ganz tolle« Eingebung aufjagen möchte, als ob die soeben gekommene Idee, oder was es auch sein mag, unbedingt und unverzüglich umzusetzen oder wenigstens aufzuschreiben sei.

Während meiner Meditation hagelt es nur so auf mich herein. Und immer erscheint alles so ganz besonders wichtig. Für solche Fälle habe ich im voraus einen klaren Beschluß gefaßt, so daß ich stets weiß, welche Handlungen in einem bestimmten Augenblick möglich sind und welche nicht und auch, welches die Folgen davon sind. Nur so werde ich von Fall zu Fall ganz bewußt eine Entscheidung treffen können darüber, ob ich in meiner Sitzstellung bleibe oder nicht. Nebenbei bemerkt setzen sich zur Meditation nämlich auch viele, um »zu etwas Kreativem inspiriert zu werden« oder um, wie sie meinen, »Erkenntnisse« über so etwas wie »höhere Welten« zu erlangen.

Ein jeder Gedanke, der während meines Sitzens auftaucht, kann tatsächlich oder vermeintlich so ungeheuer wichtig sein für mich, daß – trotz meines im voraus gefaßten Beschlusses und auch aller Anstrengungen, in der Meditation zu bleiben – meine Sinne völlig außer Kontrolle geraten, so daß an ein Weiterpraktizieren zunächst nicht zu denken ist. So etwas hat indessen als die absolute Ausnahme zu gelten, wobei, wenn es einmal eintreten sollte, ich – bewußt und klar – gedanklich einen Vermerk darüber mache, daß ich jetzt ausnahmsweise mein Sitzen abbreche, aber nur, um diese Sitzung kurz darauf auf jeden Fall fortzusetzen. In solch einer absolut nicht mehr aufzufangenden chaotischen Situation, wo es in keiner Weise mehr möglich ist, bis zu der von mir festgesetzten Zeit weiterzupraktizieren, unterbreche ich, indem ich wie gesagt bewußt die Entscheidung treffe, meine Sitzung zunächst zu beenden und sie nur ganz wenig später fortzuführen. Damit es hinterher jedoch nicht zu Gefühlen der Reue zu kommen braucht, ist es wie gesagt von ganz außerordentlicher Wichtigkeit, daß ich mich in jedem Falle erst nach sorgfältigster Prüfung dazu entschließe, mein Praktizieren kurz unterbrechen.

Welche Tageszeiten sehe ich für mein Praktizieren vor? Am geeignetsten sind sind die stillen Stunden in der Frühe und am Abend. Im übrigen habe ich mich natürlich nach meinen Möglichkeiten zu richten. Sehr wichtig ist, daß ich regelmäßig und jeden Tag übe, und wenn es irgend geht, immer zu der gleichen Zeit. Das Einhalten eines gewissen Tagesrhythmus hat auch den Vorteil, daß ich schon durch die regelmäßige Gewohnheit in das Praktizieren eingestimmt bin, womit dann weniger Zeit mit einem Sich-Einpendeln in das Üben zu vergehen braucht.

Am Anfang werde ich zehn Minuten oder eine Viertelstunde für eine Sitzung vorsehen, nur eben daß ich – **wie oben vermerkt – die jeweilige Übungsdauer bis auf die Viertelminute genau festzulegen habe, wovon ich dann auch nicht im geringsten abweichen werden darf.**

Der Tagesablauf, mein ganzes Leben kann meditativ sein. Dies geht freilich niemand etwas an, auch nicht wann, wo und wie ich praktiziere. Mit dem vertrauten Partner spreche ich natürlich darüber. Ansonsten sollte ich soweit überhaupt notwendig ausschließlich qualifizierte Freunde und unzweifelhaft seriöse Meditationsbeflissene entsprechend informieren. Mit weiteren darüber zu reden, wäre schädlich. Abgesehen davon, daß es auch Adepten gibt, die noch nicht so weit gekommen sind, zwischen Meditation und Narzißmus unterscheiden zu können.

Von Vorteil wird es sein, einen qualifizierten Meditationslehrer zu haben, besonders da, wo eventuell auch kritische Phasen zu durchlaufen sind.

## Atembetrachtung

*»Wie man im kochenden, brodelnden Wasser sein Spiegelbild nicht erkennen kann, so kann einer, wenn er sein Herz von Feindseligkeit überwältigen ließ und nicht weiß, wie man den aufgestiegenen Groll überwindet, weder erkennen, was für das eigene Heil nötig ist noch was dem Heil der anderen dient.«*

(In: *Anguttara-Nikaya. Die Lehrreden des Buddha aus der angereihten Sammlung,* Fünfer-Buch, 193. Lehrrede)

In einer ruhigen, mir angenehmen Umgebung lasse ich mich in lockerer Kleidung auf einem nicht zu flachen Sitzkissen nieder. Mit überkreuzt untergeschlagenen Beinen setze ich mich so, daß die Knie tiefer als mein Gesäß zu liegen kommen, wodurch der Rücken vollkommen gerade wird, senkrecht aufragend aus dem Gesäß wie aus einer weiten Schale. Ich lasse zu, daß mein Oberkörper etwas vor und zurück, nach rechts und nach links wiegt, so daß er sich noch weiter aufrichten kann und ich dadurch mehr und mehr unverspannt gerade sitze. Mein Kopf neigt sich ein klein wenig nach vorn, meine Augen gehen zu oder sie sehen vor sich hin. Meine Arme sind an den Leib genommen, die Handgelenke befinden sich an den Oberschenkeln, die Hände sind ineinandergelegt, die rechte in der linken, oder, falls angenehmer, die linke in der rechten, der Handrücken der einen liegt im Handteller der anderen.

Ich spüre die Punkte, in denen mein Körper auf der Unterlage ruht, und auch die Punkte, in denen meine Glieder sich berühren. Ich spüre meinen Atem durch die Nasenlöcher kommen: er kommt und geht, kommt und geht ohne mein Zutun. Meine ganze Aufmerksamkeit ist auf die Stelle etwas unterhalb der Nasenspitze gerichtet, an der die Atemluft vorbeistreicht, um in die Naseneingänge zu gelangen. Ich achte darauf, ob das Einatmen deutlicher ist als das Ausatmen oder umgekehrt – und auch darauf, ob es immer so ist oder ob es wechselt. Nach einiger Zeit gilt meine Betrachtung auch den einzelnen Phasen des Atemvorgangs. Ich erlebe, wie das Einatmen ganz langsam einsetzt, wie es etwas schneller wird und wieder langsamer, bis es zum Stehen kommt – und wie dann das Eingeatmete allmählich wieder hinauszuströmen beginnt und wie dieses Hinausfließen etwas schneller und noch schneller wird und dann wieder langsamer wird, bis es kaum mehr wahrgenommen werden kann – und wie dann allmählich wieder die Einatmung einsetzt, ganz langsam einsetzt, dann etwas schneller wird, und dann gleich auch wieder langsamer wird und zum Stehen kommt. Dann beginnt das Eingeatmete, ganz allmählich wieder hinauszufließen, ganz langsam einsetzend und dann etwas schneller und anschließend wieder langsamer werdend, bis das Abfließen kaum mehr wahrgenommen werden kann. Ganz allmählich spüre ich dann, wie die Einatmung wieder einsetzt und auf diese Weise immer wieder aufs neue verläuft.

Es sei angemerkt, daß der durch den Atemrhythmus bestimmte Vorgang **auch** in der Konzentration auf **die Bewegungen der**

**Bauchdecke** zu konstatieren ist. Indessen kann unsere ungeteilte Aufmerksamkeit stets jeweils nur auf **einen** Ort gerichtet sein, weshalb es also nicht zu einem Ineinander der Beobachtungsfelder »Nasenspitze« und »Bauchdecke« kommen darf.

## Zulassen

Es ist zu verstehen, daß es sich bei dem soeben Beschriebenen weder um eine Atemübung noch um eine gezielte Atemtherapie oder um eine Art Atemgymnastik handelt. Vielmehr geht es darum, daß ich meinen Atem **rein betrachte**, also **ohne** jeden Versuch, auf den unvermittelten, den reinen Vorgang in seinen einzelnen Phasen Einfluß ausüben zu wollen.

Das reine Atembetrachten wirkt sich nebenbei bemerkt beruhigend auf meinen Gesamtorganismus aus. Auch wenn sich im Verlaufe der Übung ganz natürlich fürs erste Unruhe und wilde Gedankenläufe einstellen werden. Dieses Unerwünschte weghalten zu wollen, hat wenig Aussicht auf Erfolg. Am besten sollte daher alles rein beobachtet werden – alles, was ist, also auch das, was mich stört, und auch das, was mich bezirzt. Dies alles kann ich einfach beobachten, ohne verändern zu wollen, was vor sich geht, also ganz so und nicht anders, als das auch bei der reinen Atembetrachtung von Anfang an geschieht, wo der Atemvorgang an einem ganz bestimmten Punkt, nämlich unterhalb der Nasenspitze, beobachtet wird.

## Störende Gedanken, die nicht länger stören

In der ersten Zeit gilt es hauptsächlich, die Konzentration auf den Atemvorgang aufrechtzuerhalten, so daß ich, jedesmal wenn irgendwelche Gedanken heranwogen, nur so ein ganz klein wenig hinmerke auf das, was meine auf diesen gerichtete Aufmerksamkeit beeinträchtigen will – bis von diesen störenden Eindringlingen schließlich nichts mehr festzustellen sein wird und meine ganze Aufmerksamkeit wieder bei der Atembetrachung ist. Erneut und immer wieder und wieder von neuem wollen Gedankenassoziationen ablenken – doch jedesmal merke ich nur so ein ganz klein wenig hin, bis sich das alles verflüchtigt hat.

Diese durchaus lästigen Gedankenläufe werden anfangs immer wieder heranbrausen, so daß meine ganze Aufmerksamkeit nicht länger als ein paar Augenblicke ausschließlich bei der reinen Atembetrachtung verweilen kann. Dort ist sie aber jedesmal wieder voll und ganz, sobald von diesen Besuchern nichts mehr festzustellen ist. Den »Störenfrieden« schenke ich also fürs erste nicht weiter Beachtung.

## Reines Beobachten

Hat sich meine Konzentration einigermaßen gefestigt, kann ich dazu übergehen, die einzelnen Störmomente gezielt zum Gegenstand meiner Betrachtung zu machen. Wie schon bei der ausschließlichen

Atembetrachtung lasse ich mich nicht von den »Eindringlingen« in ihren Bann ziehen, ich versuche auch nicht, mich gegen das Geschehen stemmen. Denn was zunächst als »Störung« empfunden wurde, kann ich wie mein Atmen als einen selbstverständlichen Vorgang betrachten. **Von nun an kann also auch alles, was mich vom Betrachten meines Atmens abbringen will, Gegenstand meiner gezielten Konzentration sein** – allerdings auch weiterhin nur so lange, bis die vorübergehend umgelenkte Aufmerksamkeit wieder ganz bei meinem Atmen ist oder aber bereits ein neuer, nun nicht mehr als »Störung« zu bezeichnender Gedankenanflug meine ganze Aufmerksamkeit erfordert.

## Stabilisierung

Auch nun, wo ich gezielt die vermeintlichen Störmomente in meine Betrachtung einbeziehe, lasse ich mich von den Gedankenschwärmen also nicht mitreißen. Wie bereits bei der reinen Atembetrachtung verhalte ich mich **rein beobachtend, ohne zu bewerten oder einzugreifen**. Von »Störungen« durch Gedankentätigkeit kann fortan daher in keiner Weise mehr die Rede sein, da nun alles, was sich in mein Bewußtsein drängt, meiner intensiven Aufmerksamkeit sicher ist. Dies gilt indes nicht allein für die heranwogenden Gedanken oder auch für Geräusche, die von außen kommen, sondern erst recht zum Beispiel auch für Empfindungen von Schmerz oder Hitze.

Ein Störmoment kann indessen auch aus meiner Sitzstellung entstehen, die kann inzwischen unbequem geworden sein, so daß ich sie verändern möchte. In diesem Falle richte ich meine Aufmerksamkeit auf das eingetretene Unangenehme meiner bisherigen Körperhaltung und auch auf den Wunsch, dies zu verändern. Dadurch wird es gleichzeitig möglich sein, die unbequem gewordene Sitzstellung noch eine Zeitlang beizubehalten. Läßt sich eine Veränderung schließlich doch nicht länger umgehen, ist meine konzentrierte Aufmerksamkeit bei jeder einzelnen der mit der Korrektur meiner Haltung verbundenen Bewegungen, um hernach wieder voll bei meinem unterhalb der Nasenspitze zu beobachtenden Atem zu sein. Allerdings wird mit fortgeschrittenem Üben das Verlangen nach Veränderung der Sitzstellung immer seltener werden.

## Entstehende Gedanken

Gegenstand meiner Betrachtung ist wie angedeutet zum Beispiel auch jedes an mein Ohr dringende Geräusch. Das Wahrnehmen des Geräusches gilt für das, was ich meine **Achtsamkeit** nenne, als eine Sinnestätigkeit »hören«. Das unmittelbare Kategorisieren nach Sinnestätigkeiten soll verhindern, daß die mit einem empfangenen Reiz angestoßene Gedankentätigkeit sich entwickelt, zu intellektuellen wie gefühlsmäßigen Reaktionen führt. Auf diese Weise werden im Entstehen begriffene Assoziationen nicht von der Stelle kommen, und meine gesammelte Aufmerksamkeit kann nun nach wie vor sogleich wieder zu meinem unterhalb der Nasenspitze zu beobachtenden Atem zurückkehren.

Entsprechendes gilt, wenn während meiner Sitzung zum Beispiel ein Gedanke an Nahrung auftaucht. In solchem Falle vermerkt meine Achtsamkeit eine mentale Tätigkeit, die für sie als »denken« (oder auch als »wünschen«) einzustufen ist, womit dann auch diese Regung ihre adäquate Behandlung erfahren hat. Auch hier wieder ist meine ganze Aufmerksamkeit stets da, wo eine lange Kette von Gedanken entstehen könnte, die aber dank meiner Achtsamkeit nicht entstehen kann.

## Dauerhafte Achtsamkeit

Meine Achtsamkeit halte ich möglichst auch noch über das Sitzen in der konzentrierten Aufmerksamkeit hinaus aufrecht, letztlich erstreckt sie sich auf alle Tätigkeiten in meinem Alltag. Ich bin also auch dann noch achtsam, nachdem ich mich aus meinem Sitz erhoben habe. Wenn ich mich aus meinem Sitz erhoben habe und dahinschreite, werde ich gewahr, wie meine rechte Ferse vom Boden sich abhebt, wie der ganze Fuß sich abhebt und nach vorn schwingt, wie die Ferse den Boden wieder berührt, wie die ganze Fußsohle aufdrückt, und wie bereits die linke Ferse sich vom Boden abhebt, wie der ganze Fuß abhebt und nach vorn schwingt, wie die Ferse den

Boden wieder berührt, wie die ganze Fußsohle aufdrückt. Und schon wieder hebt meine rechte Ferse vom Boden ab, dann der ganze Fuß, der nun nach vorn schwingt und so weiter. Bis ich einhalte und mich auf einen Stuhl setze oder mich auf mein Sitzkissen niederlasse, mit überkreuzt untergeschlagenen Beinen, und zwar so, daß dank des Sitzkissens die Knie tiefer zu liegen kommen als das Gesäß ruht. Ich erlebe meinen Oberkörper ungezwungen und entspannt aufgerichtet aus dem Gesäß wie aus einer weiten Schale. Auf diese Weise kann ich beliebig fortsetzen und wiederholen.

Sehr wichtig ist, daß, wenn ich mich aus meinem Sitz erhebe, ich das nicht tue, weil es mir gerade in den Sinn kommt, sondern daß ich ganz klar den Entschluß fasse: nun erhebe ich mich aus meinem Sitz und mache ein paar Schritte (in der Weise wie soeben beschrieben). Und bevor ich dann einhalte und mich wieder setze, fasse ich ganz klar den Entschluß: nun halte ich ein und setze mich wieder, wobei ich jede einzelne meiner Bewegungen während des Vollziehens beobachte (vergleiche oben das Kapitel »Bewußte Entscheidungen«, Seite 31 ff.).

## Gleichbleibende Momente erkennen

*»Es gibt zwei Arten des Friedens – eine grobe und eine bereinigte Form. Der Frieden des* Samadhi *ist immer noch die grobe Form! Wenn der Geist befriedet ist, dann steigt Glücksgefühl auf. Der Geist nimmt dieses Glücksgefühl dann als Frieden. Doch Glück und Unglück entstehen und vergehen. Es gibt also noch immer keinen Ausweg aus dem* Samsara, *solange wir diesen Zuständen verhaftet sind. Der Friede, der aus Weisheit aufsteigt, ist kein solches Glücksgefühl, sondern erkennt die wahre Natur von Glück und Unglück. Es gibt keine Verhaftungen mehr an die Zuständlichkeiten, der Geist hat sich darüber erhoben. Das ist das wahre Ziel der buddhistischen Praxis!«*

(Ajahn Chah, *A Taste of Freedom*, Bung Wai Forest Monastery/Thailand, 1980, S. 17; Übersetzung aus D. Kantowsky, *Buddhismus*, Braunschweig: Aurum, 1993, S. 101 f.)

Wie bereits festgestellt, wird im Verlaufe des reinen Betrachtens meines Atmens im meditativen Sitzen dieses allmählich gleichmäßiger und ruhiger. Der Atem kann zeitweilig so fein werden, daß diese Atemtätigkeit kaum mehr als ein Vorgang zu bestimmen ist. Da verdichten sich dann die in der Regel unkontrolliert mich mitreißenden Gedanken in einen Punkt hinein in Höhe meiner Nasenspitze. Nun erlebe ich an der Schwelle zur Trance mit vollem Bewußtsein Frieden. Ich erkenne Vertrautes wieder, das sich durch mein ganzes Leben zieht, eine Verkettung sich wiederholender gleichbleibender Momente in meinem Verhalten, in meinen Reaktionen, und mir wird zum Beispiel auch die Rolle bewußt, die ich immer zu spielen hatte, um den Vorstellungen der Zeitgenossen zu entsprechen. Ich erkenne, wie sehr ich programmiert bin, und sehe dies als etwas, das schon immer im Sinne meiner es wohlmeinenden Erzieher wie auch meiner übrigen sozialen Umwelt gewesen ist, und ich werde auch darauf aufmerksam, wie das alles noch immer und immer wieder aufs neue in mir produktiv ist und so ganz mit jenen alten Verhaltensmustern meiner Eltern einhergeht, von denen ich doch so sehr abzugehen glaubte.

## Die fortschreitend sich selber weiterprogammierende Programmierung

Was mir in einer Sitzung zuteil geworden ist, bleibt mir also erhalten, auch nachdem ich mich aus dem Sitz erhoben habe (siehe auch Seite 41 f.). Mit meiner noch immer anhaltenden Achtsamkeit läßt sich vieles, was ich während meiner Sitzungen erkannt habe, auch im täglichen Leben fortschreitend noch viel klarer sehen, wobei mir stets auch noch weitere Einsichten zuteil werden, und zwar gerade und eben in den Momenten, in denen im Trubel des Alltags meine Achtsamkeit zu kippen droht. Was in meinem Sitzen in der Meditation aufgetaucht ist, wird also fortlaufend noch weiter geklärt. Da kommen dann auch weitere Details ans Licht, die mich zunehmend erkennen lassen, wie schädlich einige meiner Gewohnheiten für mich schon immer gewesen sind. Es offenbaren sich mir bestimmte Verhaltensmuster, die bis in meine früheste Kindheit zurückreichen und die wie eine sich selber weiterprogrammierende Programmierung fortschreitend mein Tun und Lassen auch heute noch bestimmen wollen.

Aus dieser fortschreitend sich selber weiterprogrammierenden Programmierung will ich endlich heraus. Mir ist klargeworden, daß die nach und nach entdeckten Defizite nicht ohne mein Zutun zustandegekommen sind. Ganz deutlich sehe ich zum Beispiel auch, wie ich schon immer gewisse Strategien zur Hand hatte, als es darum ging, mich möglichst ungetrübt in einem schönen Schein zu präsentieren.

## Wie kommt es zu den ganz besonders schädlichen Programmierungen?

*»Diese Methode der Meditation bezweckt also nicht, irgendeinen besonderen Bewußtseinszustand zu erreichen, sondern eine Haltung reiner Aufmersamkeit zu entwickeln. Das bedeutet natürlich, daß alles der Aufmerksamkeit wert erscheint, was an Gedanken, Gefühlen oder körperlichen Erfahrungen auftaucht, und nichts auf- oder abgewertet werden muß. Diese nichtwertende Haltung ist deshalb möglich, weil alles von der Aufmerksamkeit angenommen – und wieder losgelassen werden kann.«*

(U. Olivedi, »Kontemplative Psychotherapie«.
In: *Lotusblätter, 4/1992,* S.35)

Von Erziehungswissenschaflern wird in meist posivem Sinne von einer *Sozialisation* gesprochen, einer Einpassung in eine bestehende Welt mit den ausschlaggebenden kulturellen Komponenten. Das Elternhaus spielt bei diesem Prozeß eine entscheidende Rolle, neben Kindergarten und Schule. Diese Sozialisation wird freilich in den seltensten Fällen unproblematisch verlaufen, auch da nicht, wo das Elternhaus über jeden Verdacht erhaben zu sein scheint.

So manche der Verwicklungen werden allerdings erst in den sehr viel späteren Jahren sichtbar, in therapeutischen Sitzungen vielleicht. Durch unsere Meditationen kann das individuelle Befinden sicher am klarsten durchschaut werden. Wobei Verhaltensmuster erkannt werden, die bereits im frühen Kindesalter aufgenommen worden sind im Zuge einer fortschreitend sich selber weiterprogrammierenden Programmierung. Letztere ist mit den Prozeduren in der kommerziellen Fernsehwerbung vergleichbar, bei der vor dem häuslichen Bildschirm im halbwachen Zustand eigene Impulse der angezielten Schichten gelähmt sind.

Die beim Fernsehen ablaufenden Vorgänge sind indessen verhältnismäßig einfach zu überblicken verglichen mit dem, was sich in unserem Kulturkreis mit der frühkindlichen Sozialisation abspielt, bei der sich der/die Sozialisierte oft gezwungen sieht, sich mit den ausgeklügeltsten Strategien gegen die bedrohlichen Aspekte seiner/ihrer Sozialisation zu verhalten, vornehmlich da, wo es gilt, das erwünschte Erscheinungsbild möglichst ungetrübt zu bewahren. Und zweifellos wäre man ohne solche Strategien nicht das, was man mit Blick auf die Karriere so sehr angestrebt und nun auch erreicht hat und sich damit so quasi glücklich schätzt. Das Überleben scheint davon abhängig zu sein, wie elegant man sich aus dieser oder jener Affäre zu ziehen vermag. Es geht allerdings nicht immer ums nackte Überleben. Oder doch?

Manchmal mußten dann leider auch Krankheiten dazu herhalten. Zwar ist es verständlich, daß es in einer peinlichen Situation nützlich gewesen sein konnte, sich mit einer Unpäßlichkeit zu entschuldigen, auch wenn diese nicht bestand. Sofern man solche Ausrede mit dem Unwohlsein indes immer wieder aufs neue bemüht, braucht man sich kaum zu wundern, wenn es auch tatsächlich zu den entsprechenden Erkrankungen kommt, die sich schließlich ins Chronische auswachsen mit allen verheerenden Leiden im Gefolge, Krankheiten, die fatalerweise zudem auch noch dazu geeignet sind, über andere Menschen Macht ausüben zu können. Gewiß, viele unserer Gebrechen können auch anders bedingt sein, von denen ist hier nicht die Rede, geht es doch allemal darum, daß man als ein Schüler des Yoga insbesondere mit Blick auf die seither bei sich entstandenen und nach wie vor bei sich produktiven verhängnisvollen Strategien sich in der Achtsamkeit übt.

## Volle Klarheit

Ich achte jeden Augenblick darauf, was ich mit mir möchte. Dem gehe ich nach, wenn irgend möglich und angebracht. Wenn ich mir nicht Gewalt antue, kann ich erleben, wie manches sich von selbst gibt. Und ich sehe, wie vieles von dem, was mir vorschwebte, seine Erfüllung findet, während anderes sich doch nicht so gestaltet wie erwartet – oder aber auch, daß meine ganzen Spekulationen von vornherein verfehlt waren.

Ist diese Achtsamkeit, in der ich mich übe, erst einmal entwickelt, kann sie mir wie gesagt nicht mehr abhanden kommen (siehe auch Seite 41 f.), selbst da nicht, wo ich vorübergehend schon mal alles, was über sie zu wissen ist, vergesse oder wo ich bewußt versuche, sie von mir zu werfen. Meiner Achtsamkeit können sich nicht einmal jene meiner Entscheidungen entziehen, welche ich noch immer wie aus einer Laune heraus treffe. Denn achtsam bleibe ich auch da noch, wo ich am liebsten unaufmerksam wäre, weil mir vielleicht irgendwas »stinkt« und ich einfach raus möchte aus etwas und dann auch auf alles pfeife.

## Ich lebe wie mir's ums Herz ist

Ich möchte so leben, wie mir's ums Herz ist. Da kommt es viel weniger darauf an, ob ich das eine oder das andere in die Tat umsetze oder nicht, ob ich etwas in Besitz nehme oder nicht. Nur muß ich immer ehrlich sein können mit mir selbst und eben auch da zu mir stehen, wo ich möglicherweise zu der Überzeugung gelangt bin, daß vieles sich gerade anders herum verhält als man mir erzählt hat und ich dementsprechend nun auch planen und handeln werde. Ich nehme für alles die Verantwortung auf mich, genau so wie das aus meiner Meditation folgt, in Verbindung mit einer Kontemplation auf das bezogen, was ich als richtig ansehe. Auf diese Weise bin ich, was ich schon immer bin, bin ich mir selber und anderen präsent.

## Wohin gehen meine Wünsche?

*»Jede meiner Begierden und Ängste wird zu einer Hilfe, wird mir und anderen zum Heil.«*

(Manjushri, der Bodhisattva der Weisheit)

Vielleicht besteht mein Leben aus nichts anderem als aus meinen Wunschbildern, denen schnell die Enttäuschungen folgen – davon sind auch die Erwartungen nicht ausgenommen, die ich in meine Meditationen gesetzt habe. Die Intensionalität, die Zielrichtung meiner diesbezüglichen Wünsche und Sehnsüchte kann ich jedoch stets in den Dienst meiner Visualisierungen nehmen: Kontemplativ identifiziere ich mich mit den von mir erstrebten absolut positiven Eigenschaften, welche ich mit Bedacht indes nicht direkt mir selber, sondern einer von mir vorläufig in die Erscheinung gesetzten außerweltlichen Wesenheit zuordne – die also meine eigene Schöpfung ist, eine durch meine Meditation bedingte Gestalt, die sich aus der alloffenen Leerheit bildet, um als bedingt entstandenes Phänomen in dieser alloffenen Leerheit sich auch wieder auflösen zu können. In gleicher Weise bin ich selber allem offen, sobald mir dies erst einmal klargeworden ist.

## Wonach ich strebe

*»Alle Weltgegenden im Geiste durchwandernd findet man doch nirgend etwas, was einem lieber wäre als das eigene Selbst. So lieb ist den anderen, jedem sein eigenes Selbst. Darum soll, wer das eigene Selbst lieb hat, den anderen nicht verletzen.«*

(Buddhistische Weisheit)

Wonach ich strebe, ist schon immer ein Teil von mir. Infolge meiner dualistischen Denkgewohnheiten, die mich unaufhörlich in Schach halten und die mich womöglich auch zu so etwas wie Selbsthaß gebracht hatten, wurde es eben nur selten von mir erkannt und mit Leben erfüllt. Freilich werde ich mir nicht einbilden, ich sei perfekt in allem – wem schon wäre damit gedient? Nur muß ich halt sein können, was ich bin. Entsprechend geht es sicher auch meinen Zeitgenossen, denen ich mich dabei nicht länger verschlossen zeige.

In der Liebesfähigkeit eines jeden gründet die Bejahung des eigenen Lebens, des eigenen Glücks, des eigenen Gedeihens, der eigenen Freiheit. Und nur wenn ich mich selber liebe, kann ich auch andere lieben und umgekehrt, wie es auch Meister sagt: *»Hast du dich selbst lieb, so hast du alle Menschen lieb wie dich selbst. Solange du einen einzigen Menschen weniger lieb hast als dich selbst, so hast du dich selbst nie wahrhaft lieb gewonnen...«*[8]

[8] *Meister Eckhart. Deutsche Predigten und Traktate*, herausgeg. und übers. von Josef Quint, 4. Auflage München: Carl Hanser, 1977, S. 214. Siehe hierzu auch Erich Fromm: *Die Kunst des Liebens*, Frankfurt a. M. und Berlin: Ullstein, 1980, S. 72 ff.

## Ich visualisiere meine dynamische Natur

Meine Visualisierung (siehe ab Seite 50) ist alles andere als eine Kompensation für etwas, das ich nie und nimmer haben oder erreichen kann. Vielmehr versetze ich mich in das, was ich als richtig erkannt habe und was in Übereinstimmung zum Beispiel mit den Einsichten der buddhistischen Tradition als das rechte Sein und das rechte Handeln zu bezeichnen ist. Ich begebe mich in die Grundstellung (siehe Kapitel »Atembetrachtung«, Seite 35 ff.): In Augenhöhe vor mir schwebend entfaltet sich aus einem für mich bedeutsamen Symbol, eventuell auch aus einem immer wiederkehrenden Motiv in meinen Träumen, eine Wesenheit, eine Gestalt, auf die meine ganze Aufmerksamkeit und meine Hingabe gerichtet ist, wodurch gleichzeitig, in umgekehrter Richtung, in meiner Vorstellung die ganze Aufmerksamkeit und Hingabe dieser Gestalt sich mir zuwendet.

Der Vorgang dieses gegenseitigen Aussendens und Empfangens ist seiner Natur nach noch dualistisch – notwendigerweise, solange ich mich noch nicht voll und ganz in den Eigenschaften der visualisierten Gestalt finden kann. Da die visualisierten Attribute universal sind, also nicht Gegenstand meines Besitzenwollens sein können, lasse ich sie einem abgehobenen, mir aber keinesfalls gebietenden Wesen zugehörig sein (siehe Seite 50). Die dorthin projizierten regulativen Eigenschaften verstehen sich fiktiv in einem Als-Ob, sie sind konstitutiv für die (unabdingbaren) Maximen, die für all mein Tun und Lassen gelten. Weshalb ich – was unbedingt einzuhalten ist – die in meiner Visualisierung entstandene Gestalt jedesmal sich auch wieder auflösen lasse, und zwar auch da, wo ich mich noch nicht in ihren Eigenschaften finden kann. Ihren Energiekörper bringe ich dabei in die Nähe meines physischen Herzens, wo er mit mir eins wird. Die hereingekommene konzentrierte Kraft lasse ich aus der Gegend meines Herzens sogleich wieder hinausstrahlen in alle Richtungen – hin zu allen Lebewesen. Gleichzeitig das Ausgestrahlte zu mir zurück, angereichert mit dem, was die Wesen unausschöpflich an Sympathie und Wohlwollen füreinander haben. Und wieder strömt's von mir hinaus, um mit diesem neuerlichen von mir visualisierten gegenseitigen Aussenden und Empfangen von zuträglichen Energien erneut angereichert zurückzukommen, und so weiter.

Dieser Ablauf läßt sich beliebig oft wiederholen, wobei als Adressaten, die zugleich Absender sind da draußen, fortlaufend auch einzelne Gruppen gewählt werden können, dann auch Individuen, die ich kenne, Zeitgenossen, mit denen ich Umgang pflege, Menschen, die mir nahestehen, gute Bekannte, Freunde, die Mutter und der Vater, die Geschwister, der vertraute Partner, oder aber auch Menschen, mit denen ich es schwer habe.

## Meine Verantwortung

Wie ich zu meinem Lebensgefährten stehe, dafür trage ich die volle Verantwortung, und zwar auch da, wo wir durch unsere Elternhäuser mehr oder weniger festgelegt sind. Im Kindesalter konnten wir nichts dagegen tun, genausowenig wie auch schon unsere Eltern und wiederum auch schon deren Eltern gegen das angehen konnten, was sie in *ihrer* Kindheit erfahren haben. Und nun habe ich also die Möglichkeit, einige Zusammenhänge zu erkennen und mich entsprechend zu verhalten. Wenig Sinn hätte es, meinen Eltern und Erziehern in irgendeiner Hinsicht Vorwürfe zu machen oder ihnen zu grollen. Es ist meine Verantwortung, was ich aus den an mich übergegangenen Lasten mache. Was auch immer damit verbunden sein mag, sie sind Teil meines Lebens – auch wenn ich noch so sehr darauf bedacht bin, diese Programmierungen abzubauen.

*»Energie ist unbegrenzt,*
*man muß aber wissen,*
*sie zu nutzen.*

*Energien durchfließen uns.*
*Bewege dich mit ihnen*
*zu deinem und anderer Heil.«*

(Yoga Sikichai)

## Wie stehe ich zu meiner Familie?

*»Nicht ist ein Wesen zu finden, das nicht früher einmal Mutter-Vater-Bruder-Schwester-Sohn-Tochter gewesen wäre während dieser langen Zeit.«*

(In: *Samyutta-Nikaya.Die in Gruppen geordnete Sammlung aus dem Pali-Kanon der Buddhisten,* 15, 14-19, 3)

**»Rechts von mir meine Mutter; links von mir mein Vater; alle, welche mir wohlgesonnen sind, hinter mir; die, mit denen ich Schwierigkeiten habe, vor mir, mir gegenüber.«** Diese von tibetischen Buddhisten empfohlene Formel kann ich jeder Sitzung voranstellen.

Es ist gut, meine Feinde im Blickfeld zu haben, und die Sympathien derer, die mir wohlwollen, stärken meinen Rücken. Eine Sonderstellung haben indessen *Mutter* und *Vater*, sie gehen nicht in der Zweiteilung »Freunde : Feinde« auf, sie sind weder hinter noch vor mir in der obigen Konstellation. Meinen Eltern gegenüber gibt es allein meine Dankbarkeit für ihre unendliche Liebe zu mir, für all ihre Sorgfalt und für ihre Aufopferung. Sie haben mich in dieses Leben gebracht und mit Blick auf mein Wohlergehen und mein Gedeihen dabei ihre eigenen Wünsche hintangesetzt. In dieser Hinsicht sind sie stets auch durch mich bedingt gewesen bei all meiner offensichtlichen Abhängigkeit von ihnen in jeder Beziehung, mit all den Folgen für mein Heranwachsen und Gedeihen und auch für das, womit ich mich auch heute noch herumzuschlagen habe (siehe oben). Ihre eigenen Probleme habe ich ja längst zu den meinen gemacht. Womit sie schon immer ihre Schwierigkeiten hatten, hat sich still und heimlich auf mich übertragen – was mir freilich erst jetzt so richtig bewußt wird. Ich habe ihnen auch als Spiegel gedient, in mir konnten sie ihre eigenen Defizite bekämpfen, in mir konnten sie sich ihre Schlachten gegeneinander liefern. Und dabei meinte ich noch, im Protest gegen sie zu handeln, alles anders zu machen, als ich es von ihnen gewohnt war. Womöglich habe ich die ganze Zeit all die Spannungen meiner Eltern in mir ausgetragen, bis auf den heutigen Tag, wie mir das jetzt mehr und mehr aufgeht. Entsprechende Verhältnisse und Konstellationen habe ich auch in Familien meines Verwandten- und Freundeskreises beobachten können. Und überall scheint die Loyalität kraft Familenbande zu alledem auch noch zu verdrängen, was es dabei dann zu verdrängen gibt.

Die aufgesetzten Masken werden im Vipassana brüchig, so daß es schwerfallen wird, aus freien Stücken selbstlos tätige Liebe (*metta*) und Mitfreude (*mudita*) auf Eltern und Geschwister zu richten. Darüber hinaus kann tibetischen Quellen zufolge jemand, der sich dem **Dhamma** (Sanskrit *dharma*) widmet, gerade in der angestammten Umgebung und im familiären Umkreis sich einigen Anfeindungen ausgesetzt sehen (siehe »Mich mit dir über deine Vorzüge freuen«, Seite 60), was indessen als das Zeichen einer Herauslösung aus einer mir lange Zeit hindurch zugedachten Rolle zu werten sein wird.

Wer akzeptieren kann, daß *»nicht ein Wesen zu finden ist, das nicht früher einmal Mutter-Vater-Bruder-Schwester-Sohn Tochter gewesen wäre während dieser langen Zeit«*, wird sicherlich die altbekannte Frage nach dem Ursprung des Bösen aufwerfen wollen und aus eigenen Erfahrungen der Konstellation *Mutter-Vater-Bruder-Schwester-Sohn-Tochter* das Gegensatzpaar »Freund : Feind« beistellen wollen, das bedingt entstanden (*paticcasamuppada*), vergänglich (*anicca*), unzulänglich (*dukkha*) ist und keineswegs den Rang einer Instanz einzunehmen in der Lage ist (*anatta*).

## Die Sprache der Liebenden

*»Sei gesegnet, o sei, himmlische Pflanze, mir*
*Mit Gesange gepflegt, wenn des ätherischen*
*Nektars Kräfte dich nähren,*
*Und der schöpfrische Stral dich trifft.*
*Wachs und werde zum Wald! Eine beseeltere*
*Vollentblühende Welt! Sprache der Liebenden*
*Sei die Sprache des Landes,*
*Ihre Seele der Laut des Volks!«*

(Friedrich Hölderlin)

Die feierlichste Sprache der Liebenden ist gegenseitiges Berühren. Da kommt das, was ist, ganz unmittelbar zum Ausdruck, ohne alle Verrenkungen. Man kann viel hören von »Erotik«, wo »Erotik« als ästhetisch sinnliche Potenz verstanden wird, die mit Flügeln versehen auftritt, wie der griechische Liebesgott Eros, der inzwischen freilich mehr oder weniger zu einem Requisit verkommen ist, falls er jemals etwas anderes sein wollte. Als Aufmacher in einer grenzenlosen Betäubungsgesellschaft hat die Chiffre »erotisch« aber noch immer ihre Werbekraft, auch wo noch so abgegriffen zum Klischee mit einer vagen Bedeutung »Liebesraffinesse«.

Erst recht herzuhalten hat in unseren Tagen die noch weit exotischer schillern sollende Sprechblase »Sex«. Man will »sexy« sein und auch »sexuell« leistungsfähig, was immer man darunter verstehen mag. Das Kürzel *sex*, das einer neulateinischen Wortbildung entnommen ist, bezeichnet in einigen zeitgenössichen Sprachen, im Englischen (*sex*) oder im Französichen (*sexe*) zum Beispiel, noch immer soviel wie *Geschlecht*. Diese ältere Bedeutung hat die Chiffre *sex* im Deutschen nicht. Was da bezeichnet sein soll, ist nicht klar, auch wenn jedermann zu wissen glaubt, was gemeint sei, und irgendwie darauf reagiert. Die allenthalben gebräuchliche, typisch kopflastige Marktformel »Sex«/»sexy« hat sichtbar wenig mit Gefühlen und noch weniger mit einem wie auch immer körperlichen Befinden zu tun, auch wenn vielerorts, wo nichts gehen will, dieser meist plakativ auftretende Kraftausdruck knallhart seine Wirkung tun muß. In der Sehnsucht nach dem »richtigen« Partner, mit dem zusammen es »funken« könnte, müßten Tabus ja tatsächlich gebrochen werden. Was freilich eine vorbehaltlose gegenseitige Offenheit voraussetzen würde, welche natürlich verwundbar macht.

Wann indessen spricht man gar von »Liebe« oder sogar von der »großen Liebe«? Die Vorstellungen diesbezüglich sind recht weitläufig und nicht immer so sehr libidinös besetzt. Zumal da nicht, wo von kirchlicher Seite von einer »Nächstenliebe« gesprochen wird, in der Tradition der *Agape* aus der griechischen Antike, einer *Agape* als das ›Liebesmahl‹, das in der frühchristlichen Kirche von wohlhabenden Gemeindegliedern veranstaltet wurde, um damit ihre brüderliche oder schwesterliche Zuwendung und ihre Verbundenheit für die Ärmeren zum Ausdruck zu bringen. In unseren Tagen jedenfalls glaubt eine religiös bestimmte Nächstenliebe, ohne libidinöse Momente auskommen zu können.

Die Sprache der Liebenden entspringt der Sehnsucht nach einem Menschen, zu dem man Vertrauen hat und mit dem zusammen man sich geborgen fühlt. Es ist das Suchen nach einem Ort, wo ich mich in dir aufgehen lasse, immer wieder neu in einen freien, einen unendlichen Raum hinein.

## Mich mit dir über deine Vorzüge freuen

*»Etwas in uns weiß,*
*daß Lieben*
*nur ein anderes Wort für*
*Leben ist.«*

(W. Sprenger. In: A. Haberkern, *Meditieren geht über Therapieren. Die INTA-Meditation*, Konstanz: Nie/Nie/Sagen-Verlag, 1996, S. 29)

Liebe, Zärtlichkeit, Erotik, Sexualität brauchen sich also nicht auf die üblichen dualistischen Sprechblasen, auf die real existierenden Reduktionen zu beschränken. Das emotional überfrachtete, wohl kaum auf gegenseitige Bereicherung, geschweige denn Erfüllung abzielende Markenzeichen »Sex«/»sexy« hat wenig erfüllende Kraft. Wo das Kopulieren Freude bringt, ist allemal wechselseitige Hingabe am Werk. Freilich ist Hingabe nicht so sehr gefragt, wo man auf dicke Mauern setzt, um jedes Erleben fernzuhalten und beim Partner das ewige Gefühl eines Mankos aufrechtzuerhalten. An solchen Orten gilt eher die Devise, Macht zu demonstrieren und auszuüben.

Beglückt bin ich, wo ich mich dir öffnen, in dir mich finden kann, wo ich in dir wiedererkenne, was ich in mir selber spüre, wo ich mich mit dir zusammen freuen darf, wir miteinander gedeihen, wo wir ungestört uns entfalten können. In dem unendlichen Raum unserer Visualisierung ist Liebe, ist Leben.

Nach der tibetischen Überlieferung gibt es drei Verhaltenstypen, die mit Hilfe der in der tibetischen Medizin zentralen Pulsdiagnose bestimmbar sind. Für unsere abendländischen Fragestellungen können diese in der tibetischen Physiologie beschriebenen drei Grundcharaktere in ihrem gegenseitigen Verhältnis von einigem Interesse sein. Unterschieden wird zwischen

1. einem »männlichen« Typus (tibetisch *pho-thsa*), der nicht mit dem physischen männlichen Geschlecht identisch zu sein braucht (auch Frauen können *pho-thsa* sein) und der in den Schriften als eher egozentrisch, prahlerisch, unzuverlässig definiert ist – ihm/ihr wird auch da kaum geglaubt, wo seine/ihre Absichten gut sind;
2. einem »weiblichen« Typus (tibetisch *mo-thsa*), der nicht mit dem physischen weiblichen Geschlecht identisch zu sein braucht (auch Männer können *mo-thsa* sein) und der in den Schriften als fleißig, ausdauernd und zuverlässig umschrieben ist;
3. einem »Bodhisattva«-Typus (tibetisch *dschang-tschubh-sem-thsa*), dessen unermeßliches Mitgefühl allen gilt. Er/sie erfreut sich allgemeiner Beliebtheit, ist indessen in seinem unmittelbaren sozialen Umfeld wie auch von seiten seiner Erzieher und der eigenen Familie Anfeindungen ausgesetzt.

In den Bodhisattva-Eigenschaften (tibetisch *dschang-tschubh*) sind die Naturelle der beiden anderen oben umrissenen Charaktere aufgehoben. Ein Bodhisattva will nichts für sich selber, sieht sich keinesfalls als etwas Besseres (und natürlich auch nicht als etwas Schlechteres) als alle Wesen sind, die Energiekörper des *pho-thsa*-Typus wie des *mo-thsa*-Typus sind Teil seiner wertvollen Leiblichkeit und seiner Heilungskapazität.

Zu dem Begriff des »Bodhisattva« ist zu sagen, daß nach (mahayana-)buddhisischem Verständnis eine Befreiung von den prägenden Zwängen und Programmierungen unseres durch unsere jeweilige Sozialisation wie durch das Umfeld bedingten Daseins erst dann möglich ist, wenn für die Gesamtheit der fühlenden, Glück suchenden, Schmerz empfindenden Lebewesen – bis herunter zum kleinsten Insekt und bis hin zum Einzeller – alle verhängnisvollen Potenzen, buddhistisch gesprochen: die durch unser bisheriges Verhalten, durch unsere Taten entstandenen Lasten (Pali: »kamma«; Sanskrit: »karma«), endgültig gelöscht sind. Dieses Ziel vor Augen gelobt der Bodhisattva (in der Tradition des *mahayana*), daß er oder sie auch nach Löschung seiner oder ihrer eigenen karmischen Lasten (also sobald er oder sie nach den buddhistischen Vorstellungen nicht mehr dem Gesetz ewiger Wiedergeburt unterworfen sein wird) aus eigenen Stücken die erreichte Befreiung, was auch immer hierunter zu verstehen sein wird, so lange aussetzt, bis alle Lebewesen auch von den letzten karmischen Resten befreit sein werden. Daher wählt der Bodhisattva »einstweilen« einen Körper, der ihm oder ihr ermöglicht, sein oder ihr Wissen allen zum Heil zu vermitteln. Zudem will der Bodhisattva auch noch in einer (als solche angenommenen) Zwischenwelt ansprechbar bleiben. Die selbstlos tätige Liebe und das Mitempfinden ist das Kennzeichen eines geläuterten Bewußtseins wie gleichzeitig die Voraussetzung hierfür. Die Achtsamkeit wie das Mitempfinden und Miterleben des Bodhisattva gilt allem, was ist. Der Bodhisattva erlebt unendliche Freude, wenn alles Leben ungestört sich entwickelt.

Liebe und Mitempfinden entsteht aus einem grenzenlosen Mitgefühl und einem alles umfassenden Verstehen. Mich mit anderen über ihr Gedeihen und über ihre Vorzüge freuen, darf natürlich niemals verwechselt werden mit dem Gefühl einer Genugtuung, das man darüber buchstäblich genießt, daß einer »endlich« dort angelangt ist, wo man ihn oder sie schon lange hat haben wollen. Vielmehr ist entscheidend, daß ich Anteil nehme am Gedeihen wie auch an der moralischen Vortrefflichkeit aller Wesen, in der Weise, als ob von meinem eigenen Gedeihen die Rede wäre. Eine solche Haltung hat mehr und mehr zu meinem Lebensinhalt zu werden, die hiermit einhergehenden Schwierigkeiten sind gleichzeitig die notwendigen Hilfen auf diesem Weg.

Im *»Visuddhi-Magga«* (»Weg zur Reinheit«)[9] des im fünften Jahrhundert nach Christus lebenden buddhistischen Kommentators

[9] *Visuddhi-Magga*, Konstanz: Christiani, 1975, 3. Aufl., S. 362 f.

Buddhaghosa heißt es: *»Mudita (Freude, Mitfreude) sagt man, weil die davon Erfüllten vermittels dieser Fähigkeit sich freuen oder weil sie sich selber freut; oder das bloße Sichfreuen gilt als Freude. [...] Das Merkmal der Mitfreude besteht im Sichfreuen [mit dem Wesen;...], ihr[e innere Natur besteht] im Nichtbeneiden, ihre Äußerung in Vertreibung der Unlust, ihre Grundlage im Erkennen des Glückszustandes der Wesen, ihr Erfolg in Aufhebung der Unlust, ihre Abirrung im Entstehen von Vergnügtheit.«*

## IN JEDEM AUGENBLICK NEU GEBOREN

*»Ich erinnere mich, wie ich schon als ganz kleines Kind gewußt hatte, daß die Aufregung, die Ängste und die Sorgen der Erwachsenen in meiner unmittelbaren Umgebung keine wirkliche Grundlage besaßen. Ich erkannte es blitzartig, aber es gelang den anderen immer, mich davon zu überzeugen, daß ich unrecht hatte, und dann fühlte ich mich wieder schuldig oder ängstlich – oder beides. Die menschliche Natur hat keine wirkliche Verbindung mit den Gefühlen Schuld oder Angst – sie ist frei. Und ich wußte auch, daß diese Entdeckung nichts mit einer spezifischen Religion, nicht einmal mit dem Lächeln der Buddhastatue, zu tun hatte. Buddha entdeckte, was lange vor ihm bekannt gewesen war.«*

(J. van de Wetering, *Ein Blick ins Nichts*,
Reinbek: rororo, 1985, S. 111 f.)

Ich nehme meinen Körper wahr, alles Sinnliche und alles, was fließend im Hier und im Jetzt entsteht, sich entwickelt und wieder vergeht – konstituiert als das, was ich genau in diesem Augenblick sehe, rieche, schmecke, ertaste. Ich bin darauf aufmerksam, wie ich auf alles reagiere, welche Gefühle ich habe und welche Gedanken mir kommen.

Die Sinnestätigkeiten Sehen, Riechen, Schmecken, Ertasten führen zu Empfindungen, welche in der Verkettung mit meiner

Gedankentätigkeit eine Welt lebendig werden lassen: eine Welt, die durch meine Augen zu sehen, durch meine Ohren zu hören, durch meine Nase zu riechen, durch meine Zunge zu schmecken, mit meinen Händen, meinen Füßen, meinen Lippen zu ertasten ist. Es ist die Welt, in der und mit der ich lebe, und diese Welt entsteht also durchs Sehen, Hören, Riechen, Schmecken, Ertasten, Reagieren. In der Kommunikation mit anderen existiert diese Welt im gegenseitigen Sehen, Hören, Riechen, Ertasten, Reagieren, auch in der gemeinsamen Freude am Gleichklang zum Beispiel, bei spontaner Berührung in einem sinnlichen und nicht zielgerichteten Spiel.

## Massage und innere Reise

*»Die Empfindungen in ihrem Entstehen betrachtend*
*weile ich in meinem Körper,*
*die Empfindungen in ihrem Vergehen betrachtend*
*weile ich in meinem Körper,*
*die Empfindungen in unmittelbarer Folge in ihrem Entstehen*
*und in ihrem Vergehen betrachtend.«*
*weile ich in meinem Körper.«*

(In: *Maha-Satipatthana-Sutta. Die 22. Lehrrede aus der Langen Sammlung (Digha-Nikaya): Die größere Lehrrede von den Grundlagen der Achtsamkeit*, abgedruckt in: Nyanaponika Thera (Feniger, Siegmund), *Geistestraining durch Achtsamkeit*)

Nur gut, daß meine Achtsamkeit in allen Lebenslagen erhalten bleibt (siehe »Volle Klarheit«, Seite 48 f), wo immer ich gehe, stehe, sitze oder liege, und auch zum Beispiel bei meinen heftigsten Liebesbekundungen und im Verschmelzen mit dem vertrauten Partner. Meine ureigene Spontanität, kann man sagen, ist Ausdruck meiner Achtsamkeit, sie steht damit in krassestem Gegensatz zu dem, was sich abspielt, wenn man vielleicht lebensklug sein möchte, indem man anderes zu tun vorgibt als man vorhat. Und wo man nicht benennen möchte, von was man das ganz Besondere erwartet, hat auch schon mal das Zauberwort *Massage* herhalten müssen, in Verkennung der bezeichneten Möglichkeiten.

Zu der nachfolgend skizzierten intuitiven Partnermassage für ein gedeihliches Zusammenleben ist zu bemerken, daß diese nicht ein

Teil der beschriebenen grundlegenden Übungen im Sinne der Vipassana-Meditation ist, sie gehört vielmehr zu meinem Alltag, der seinerseits Gegenstand meiner Achtsamkeit ist. Das gilt auch von der ein paar Kapitel später angeregten inneren Reise, die wie die Partnermassage zu jeder Tageszeit durchgeführt werden kann, jedoch nicht öfter als einmal die Woche stattfinden sollte.

## Partnermassage

> »Ganz zu leben bedeutet, mit jedem Augenblick loszulassen und zu sterben und in jedem folgenden Augenblick wiedergeboren zu werden.«
>
> (In: Goldstein, Joseph/Jack Kornfield, *Einsicht durch Meditation. Die Achtsamkeit des Herzens – Buddhistische Einsichts-Meditation für westliche Menschen*)

### Morgendliches Begrüßen

Ich wache auf, es ist tag, sein/ihr Kopf ruht an meiner Brust. Wir kuscheln uns zueinander. Wollen nicht aufstehen, stehen dann doch auf, begeben uns zusammen ins Bad, spüren einander unter der Dusche, frottieren uns gegenseitig, legen trockene Tücher auf den warmen Fließen aus. Er/sie legt sich so darauf, daß er/sie auf den Rücken zu liegen kommt. Ich setze mich hinter seinen/ihren Kopf, träufle mir ein paar Tropfen Massageöl in die Handflächen und verteile sie darin. Die Hände, die Handflächen einander zugewandt, bringe ich im Einatmen etwas nach oben, um Energien »einzuschöpfen«, die dem Partner/der Partnerin zuströmen, indem mit dem Ausatmen die Handflächen sich nach unten drehen und sich dem liegenden Körper nähern.

**Einstimmen**

Meine Hände legen sich sanft an seine/ihre Schultern und verharren, bis dort alles vertrauend entspannt ist. Nun setze ich die Fingerkuppen auf seine/ihre Stirnmitte und ziehe sie nach beiden Seiten gleichzeitig, in Bogen etwas nach oben, zu den Schläfen, um da zu kreisen. Meine Finger kehren zur Stirnmitte zurück, von wo sie über die Nasenwurzel die beiden Nasenseiten entlang zur Mundpartie streichen und in Kreisen um die Lippen ziehen. Dann beschreiben sie auf beiden Wangen gleichzeitig kleine, tiefere Kreise, gleiten auf den Unterkiefern entlang zum Kinn, um behutsam ein paarmal auf dieses und dann auf die Wangen zu klopfen und schließlich ganz leicht auf die Stirn zu tippen. Nun greifen meine Finger das Kinn, sodann die Wangen und streichen nochmals über das ganze Gesicht.

Die noch immer gut eingeölte Handflächen legen sich wieder an seine/ihre Schultern, von wo die rechte (oder die linke) Hand in Wiederholungen den Nacken heraufstreicht, ebenso dann auch den Hals herauf (wobei die Kehle ausgespart wird). Den Hals herauf ziehen anschließend auch die beiden Mittelfinger, ganz leicht und in parallelen Bahnen, und zuletzt wandert das »V« aus Daumen und Zeigefinger den Hals auf und ab.

Meine beiden Handflächen (die ich immer wieder nachöle) setzen nun im Nacken an und gleiten über die Schultern, sie kreisen um die Schultergelenke; meine Daumen und übrigen Finger massieren sodann an den Schulterblättern, und anschließend gleiten meine Handflächen vom Nacken aus über die Schultergegend die Arme hinunter. Nun gehen meine Handflächen aus der Schlüsselbeingegend drei- bis viermal über den gesamten Brustkorb, den Körperkonturen folgend – den Bereich der empfindlichen weiblichen Brust stets umgehend. Sie schieben sich schließlich auf die Oberarme hinaus.

Meine Hände setzen nun unterhalb des Nabels an und ziehen zügig zu den Flanken, und von dort zu den Schultern herauf. Von hier schieben sich meine Daumen zum Brustbein und gehen leicht kreisend die Längsachse von Brust und Bauch entlang abwärts zu der vorherigen Ausgangsstelle unterhalb des Nabels, von wo sie wieder zügig zu den Flanken ziehen und von dort abermals zu den Schultern heraufzukommen. Diesen Zyklus wiederhole ich dreimal.

Von unterhalb des Nabels wieder bewegen sich meine (immer wieder erneut eingeölten) Handflächen – die Handgelenke voraus, die Finger gespreizt, die rechte und die linke Hand im Wechsel – nach den beiden Flanken, in parallelen Bahnen geht es dabei immer mehr zu dem untersten Rippenpaar herauf. Auf diesem streiche ich nun mit den Fingern vom Brustbein aus entlang nach beiden Seiten gleichzeitig. Dasselbe geschieht dann der Reihe nach auf den körperaufwärts folgenden Rippenpaaren. Beim Schlüsselbeinpaar angekommen und nach dem Hinausstreichen dort schieben sich meine Handflächen (die Fingerspitzen voraus) zum Brustbein zurück und dann auf diesem entlang sanft wieder zum Bauch hinunter, um wie oben beschrieben nach außen zu den Flanken zu ziehen und von dort abermals zu den Schultern und zu den Schlüsselbeinen zurückzugleiten. Anschließend streichen meine Hände behutsam so zwei- bis dreimal über die Brust (den Bereich der empfindlichen weiblichen Brust stets umgehend) zum Bauch hin, um jedesmal – immer weniger aufdrükkend – auf dem Brustbein zu den Schlüsselbeinen zurückzugleiten und um sich schließlich hier auf die Oberarme hinauszuschieben und von dort abzuheben. Der Partner/die Partnerin ruht nun einige Zeit, ohne berührt zu werden.

### Rückenmassage

Der Partner/die Partnerin legt sich zur Rückenmassage auf den Bauch. Ich setze mich seitlich und lege meine gut eingeölten Handflächen am Nacken auf und lasse sie über den gesamten Rücken streichen und wieder zurück zum Nacken gleiten, um die Kuppen meiner gespreizten Finger schließlich auf den Oberarmen entlangzuziehen. Sodann streichen meine beiden Daumen zu beiden Seiten der Wirbelsäule vom Nacken bis zum Steißbein (ohne jedoch auf die Wirbelsäule zu drücken!). Auch dies wird dreimal wiederholt.

Vom Steißbein wandern meine gespreizten Finger langsam kreisend über den gesamten Rücken, tasten sich zu den Schulterblättern, wobei um diese herum die Daumen fest aufdrücken. Die Fingerkuppen schieben sich von da zum Nacken, um von hieraus gleichzeitig zu beiden Seiten der Wirbelsäule mit etwas stärkerem Druck zum Gesäß zu wandern. Dies wiederhole ich mehrmals in zur Wirbelsäule parallelen Bahnen, wobei sich meine Hände immer mehr den Flanken nähern. Nun greife ich die Rückenmuskeln, mit Daumen und übrigen Fingern, am Nacken beginnend in parallelen Bahnen quer zur Wirbelsäule, jeweils von dieser ausgehend nach beiden Seiten zu den Flanken, bis ich zum Gesäß komme. Dort schiebe ich die Fingerkuppen, etwas stärker aufdrückend, in der umgekehrten Richtung von den Flanken zur Wirbelsäule hin aufeinander zu. Das wiederhole ich in parallelen Bahnen immer mehr zum Nacken hinauf. Vom Nacken dann krabbeln die Finger die Wirbelsäule herunter zum Gesäß und schieben sich von hier zu beiden Seiten der Wirbelsäule in einem Zug zum Nacken zurück. Auch dieser Zyklus wird dreimal wiederholt.

Die Finger krabbeln nun ein weiteres Mal zum Gesäß, wo ich die Knöchel meiner Fingergelenke in einem Zug nach beiden Seiten zu den Flanken ziehe. Letzteres wiederhole ich mehrmals, in parallelen Bahnen, die sich dem Nacken nähern, und vom Nacken aus lasse ich dann die Fingerknöchel über die Schultern auf die Oberarme hinausgleiten. Die ganze Prozedur folgt nun noch einmal, doch anstatt der Knöchel meiner Fingergelenke nehme ich diesmal meine Daumen. Und beim letzten Mal nehme ich anstatt der Daumen die Handflächen.

Nun schließe ich eine meiner Hände zur Faust, die ich mit der fleischigen Unterseite auf der Strecke vom Nacken zum Steißbein

Schritt für Schritt behutsam im Bereich der Wirbelsäule und dann auch über den gesamten Rücken auftippen lasse, um anschließend mit den Daumen kleine, tiefe Kreise am Steißbein und von hier ausgehend die Wirbelsäule entlang bis hin zum Nacken zu beschreiben (auch in diesem Fall, ohne auf die Wirbelsäule zu drücken!).

Mit den Handgelenken voraus streiche ich von der Wirbelsäule ausgehend zu den Flanken in parallelen Bahnen vom Gesäß an körperaufwärts und lasse sodann meine Handkanten über den gesamten Rücken klopfen, in der Nackengegend etwas stärker, dem Steißbein zu mit Rücksicht auf die inneren Organe dann immer schwächer werdend. Abschließend gehen meine Handflächen den gesamten Rücken hinauf und wieder herunter, was ich dann mit der Kuppe je eines meiner hierbei immer leichter werdenden Finger wiederhole.

### Gesäß- und Oberschenkelmassage

Der Partner/die Partnerin bleibt in der Bauchlage. Meine gut eingeölten Hände lasse ich über das gesamte Gesäß gleiten. Dann greife ich mit dem Daumen und den übrigen Fingern beider Hände die Gesäßmuskeln, um sie durchzukneten. Anschließend beschreiben die Knöchel meiner Fingergelenke tiefere Kreise in die Gesäßbacken. Und nun streichen meine Hände von der Taille zu den Oberschenkeln und von da zur Taille zurück. Auf der Taille ziehen von der Wirbelsäule her die beiden Daumen zu den Flanken, in parallelen Bahnen immer mehr sich den Oberschenkeln nähernd. Dort wieder beginnend ziehen die beiden Daumen nun in umgekehrter Richtung von den Flanken nach innen, in parallelen Bahnen, bis sie wieder zur Taille kommen, um von hier ausgehend kleine, tiefere Kreise in die Gesäßbacken zu beschreiben.

Nun schiebe ich die Daumen in kleinen Schritten jeweils aufeinander zu, was sich über das gesamte Gesäß erstreckt. Anschließend zupfe ich die Gesäßmuskeln. Nun ziehen, bei der Taille beginnend, die Unterseiten meiner Handgelenke von der Wirbelsäule zu den Flanken, in parallelen Bahnen bis zu den Oberschenkeln, und da wieder beginnend, schieben sie sich in parallelen Bahnen nach innen aufeinander zu, bis sie wieder bei der Taille angekommen sind. Von da aus gleiten die Handflächen nochmals über das gesamte Gesäß, mit einem abschließenden leichten Klopfen mit den Handkanten.

Vom Gesäß gehen meine (stets gut eingeölten) Hände ganz leicht werdend auf dem rechten Bein über den Oberschenkel zur Kniekehle, von da etwas stärker aufdrückend zum Gesäß zurück, wobei ich den Intimbereich umgehe. Nun ziehen meine Hände in gegenläufigen Bewegungen dicht aneinander vorbei, am Gesäß beginnend in parallelen Bahnen quer zur Längsrichtung, bis in die Kniekehle, von wo aus die beiden Daumen nebeneinandergesetzt sich zurück zum Gesäß schieben. Von hier gleiten sie federleicht zur Kniekehle zurück, um dann von da wieder ausgehend kleine, tiefere Kreise bis zum Gesäß hinauf zu beschreiben. Nochmals lasse ich die Hände, den Oberschenkel wieder nur leicht berührend, zur Kniekehle zurückgleiten, von wo ich nun die Knöchel meiner Fingergelenke zum Gesäß schiebe, um sie von dort aus dann wieder nur noch leicht berührend zurückgleiten zu lassen.

Nun bewege ich die Oberschenkelmuskeln von den Seiten in Richtung Mitte, in der Kniekehle beginnend bis zum Gesäß fortschreitend. Anschließend schieben sich beide Hände, jede ein »V« vom Daumen und den übrigen Fingern bildend, aus der Kniekehle mit einer schnellen Bewegung zum Gesäß, von wo ich dann ebenso schnell, jedoch ohne aufzudrücken die Handkanten auf dem Oberschenkel entlangziehe, auf dem ich anschließend die Finger Spiralen beschreibend herumwandern lasse. Mit den Handkanten klopfe ich nun das Muskelgewebe dieses Oberschenkels, dann greife ich das Muskelgewebe Schritt für Schritt zwischen Daumen und den übrigen Fingern und lasse es vibrieren. Und nochmals schiebe ich die Handflächen über den gesamten Oberschenkel zum Gesäß, um von da hinüber auf den linken Oberschenkel zu gehen, um mit diesem in derselben Weise zu verfahren.

**Unterschenkel- und Fußmassage**

Der Partner/die Partnerin bleibt nach beendeter Massage des linken Oberschenkels zur Massage des linken Unterschenkels in der Bauchlage. Entlang dem linken Bein gehen meine (gut eingeölten) Hände abwechselnd von der Kniekehle sacht über die Wade zum Fußgelenk und wieder zurück zur Kniekehle, um von da federleicht nochmals zum Fußgelenk zu gleiten. Von hier schieben sich nun die Daumen der beiden Hände nebeneinandergesetzt wieder zur Kniekehle, um, die Wade kaum berührend, zum Fußgelenk zurückzugleiten. Dieser Zyklus wird dreimal wiederholt.

Vom Fußgelenk ausgehend greife ich schrittweise das Muskelgewebe der Wade zwischen Daumen und Zeigefinger, bis hinein in die Kniekehle, von wo ich meine Hände in leichter Berührung wieder zum Fußgelenk gleiten lasse. Von hier wieder ausgehend wandern meine Daumen abermals über die Wade bis zur Kniekehle, von wo meine Handkanten dann wieder sanft zum Fußgelenk gleiten. Und nochmals von hier ausgehend lasse ich dann mit wechselnden Händen die Knöchel meiner Fingergelenke zur Kniekehle streichen und von da aus wieder sanft zum Fußgelenk zurückgleiten. Die Hände wechselnd greife ich noch einmal schrittweise die Wadenmuskeln, diesmal von den Seiten auf die Mitte zu, ich zupfe dann das Muskelgewebe und streiche schließlich mit der ganzen Hand vom Fußgelenk zur Kniekehle, von wo ich die Hand wieder ganz sacht zum Fußgelenk zurückgleiten lasse.

Nun bringe ich eine Hand unter das Fußgelenk, lege die andere in die Kniekehle und klappe den Unterschenkel vorsichtig hoch, bis er senkrecht nach oben steht, so daß ich ihn in seinem Kniegelenk in beiden Richtungen langsam kreisen lassen kann. Den aufrecht stehenden Unterschenkel nehme ich nun nahe des Fußgelenks zwischen meine Handgelenke und schiebe diese über die Wade aufeinander zu, quer zur Längsrichtung. Ich wiederhole das in parallelen Bahnen den aufrecht stehenden Unterschenkel entlang zur Kniekehle hinunter. Von dort lasse ich den aufrecht stehenden Unterschenkel entlang meine Hände wieder zum Fußgelenk heraufgleiten, falte sie ineinander und schiebe sie über die Wade zur Kniekehle hinunter, um sie dort etwas verweilen zu lassen. Dann lasse ich meine Hände wieder zum Fußgelenk heraufgleiten. Das Fußgelenk nehme ich nun in die eine Hand und halte es, während ich mit der Kante der anderen Hand die Wade klopfe und abschließend mit den Fingerkuppen die Wade vibrieren lasse.

Nun lege ich den Unterschenkel auf die Unterlage zurück und lasse meine Hände von der Kniekehle über den Unterschenkel zum Fußgelenk gleiten, wo sie ein wenig verweilen. Bis ich dann die eine Hand unter das Fußgelenk bringe und den Fuß von der Unterlage etwas hochhebe, um ihn mit der anderen Hand mit Massageöl einzustreichen und um dann den Daumen dieser anderen Hand in kleinen Kreisbewegungen über die Oberseite des Fußes gehen zu lassen und anschließend die Knöchel meiner Fingergelenke dort auf- und abzuziehen.

Die Seiten des Fußes reibe ich mit der Unterseite meines Handgelenks und anschließend mit den Knöcheln der Fingergelenke. Danach lasse ich sämtliche Zehen zwischen meinen Handflächen sich ein wenig hin- und herbewegen (was auch gegen Kopfweh empfohlen wird und was übrigens auch in der **Selbstmassage** praktiziert werden kann). Nun lasse ich die Fläche meiner einen Hand auf der Fußsohle auf- und abgleiten, nehme anschließend den Daumen und massiere damit die gesamte Ferse (mit nur leichtem Druck), sodann die Mitte der Fußsohle wie auch etwas rechts und links davon und schließlich den Fußballen am großen Zeh sowie den am kleinen Zeh.

Auf der Fußsohle, an der Innenseite der Ferse beginnend, schlängelt sich hernach der Nagel meines Daumens über die ganze Länge der Fußsohle auf und ab, anschließend in gleicher Weise quer dazu.

Dasselbe führen nun meine Fingerkuppen aus. Dann lasse ich die Knöchel meiner Fingergelenke über die gesamte Fußsohle klopfen. Meine Fingerkuppen krallen sich nun in die fleischige Außenseite der Fußsohle, wobei ich meinen Daumen von unten her auf die Oberseite des Fußes hefte, um den Fuß einige Zeit in dieser Lage zu halten. Schließlich lege ich ihn auf die Unterlage zurück und lasse meine Handflächen von den Zehen über den gesamten Fuß sowie den Unterschenkel hinauf zur Kniekehle gleiten, von wo sie auf die Kniekehle des rechten Beins hinübersetzen, um über die Wade dort zu gleiten und wie soeben beschrieben den Unterschenkel und den Fuß des rechten Beins zu behandeln.

**Bauchmassage**

Der Partner/die Partnerin legt sich zur Bauchmassage auf den Rücken. Ich setze mich seitlich und lasse meine gut eingeölten Handflächen über die gesamte Bauchpartie gleiten und anschließend mit aneinandergelegten Fingern auf der Bauchdecke im Uhrzeigersinn um die Nabelgegend kreisen, etwas aufdrückend, im Bereich der Blase allerdings ohne jeden Druck. Anschließend greife ich schrittweise die Bauchmuskulatur zunächst mit sämtlichen Fingern, dann aber auch, in etwas schnellerer Abfolge, allein mit Daumen und Zeigefinger.

Nun schließe ich meine Hände zu Fäusten, mit denen ich von den Hüftgelenken zum Brustkorb streiche, von wo ich die Hände geöffnet zu den Hüftgelenken zurückgleiten lasse. Dies wird mehrmals wiederholt, in parallelen Bahnen. Indem meine Hände Abschied nehmend immer leichter werden, gleiten sie über die gesamte Bauchpartie in diesen parallelen Bahnen, um zuletzt um den Nabel zu kreisen.

### Massage der Arme und der Hände

Der Partner/die Partnerin bleibt in der Rückenlage. Meine eingeölten Hände streichen über die rechte Schulter des Partners/der Partnerin federleicht den rechten Arm herunter. Und nun wieder zurück zum Oberarm, wo meine beiden Hände abwechselnd und Schritt für Schritt das Muskelgewebe greifen. Sodann lasse ich über den gesamten Arm die Knöchel meiner Fingergelenke auf- und abstreichen. Anschließend schiebe ich meine Hände, die Daumen und die übrigen Finger bilden dabei je ein »V«, auf dem Unterarm in der Längsrichtung aufeinander zu. Dies wiederhole ich in parallelen Bahnen, um schließlich mit meinen Handkanten und dann auch mit den Knöcheln meiner Fingergelenke, an seiner/ihrer Hand beginnend, über den Ellbogen zu den Schultern zu streichen, von wo meine Hände sanft zu seinem/ihrem Handgelenk zurückgleiten. Ich lege seine/ihre Handfläche auf die Kuppen meiner Finger und lasse meinen Daumen, bei seinem/ihrem Handgelenk beginnend, über seinen/ihren gesamten Handrücken reiben; an den beiden Seiten seiner/ihrer Hand streiche ich mit den Knöcheln meiner Fingergelenke. Dann lasse ich seine/ihre Handfläche nochmals auf meinen Fingerkuppen ruhen und ziehe meinen Daumen abermals von seinem/ihrem Handgelenk her auf seinem/ihrem Handrücken, diesmal in den Furchen entlang, zu seinen/ihren Fingern. Abschließend nehme ich seine/ihre Hand zwischen meinen Daumen und die übrigen Finger, um so noch einmal über seine/ihre ganze Hand zu streichen. Dann begebe ich mich an seine/ihre linke Seite, um dem linken Arm und der linken Hand die gleiche Behandlung angedeihen zu lassen, die der rechte Arm und die rechte Hand soeben erfahren hat.

**Balancierung**

Der Partner/die Partnerin bleibt in der entspannten Rückenlage. Als Abschluss lasse ich meine Hände in einem Zug vom Kopf über den gesamten Körper hinweg zu den Füßen gleiten. Dies wird dreimal gemacht.

Dann setze ich meine Hände auf seine/ihre Stirnmitte und lasse sie über das Haar nach hinten streichen und sie federleicht zu beiden Seiten über Wangen und Hals ziehen, lasse seinen/ihren Kopf ein klein wenig sich hin- und herwiegen, dann seine/ihre Schultern leicht vibrieren, seine/ihre Hände eine Andeutung sich hin- und herpendeln und seine/ihre Oberschenkel in ganz leichtes Hinundherwiegen kommen. Behutsam fasse ich an den Füßen die gestreckten Beine und lasse sie ein wenig vibrieren. Dann nehme ich nochmals die Zehen zwischen meine Handflächen und bewege sie achtsam. Abschließend lasse ich meine Hände dreimal über Knie, Unterschenkel und Füße gleiten.

Der Partner/die Partnerin bleibt noch einige Zeit entspannt liegen, während ich meine Hände und Unterarme nach der Massage unter das kalte Wasser halte, um sofort wieder in der Nähe des Partners/der Partnerin sein zu können, der/die meine Gegenwart jetzt ganz besonders braucht (siehe auch im folgenden Kapitel).

### Dauer der Massage

Eine Partnermassage wird ein bis zwei Stunden in Anspruch nehmen. Sie darf sich auf keinen Fall länger hinziehen. Auch darf ich mich einer umfassenden Massagebehandlung, die ja so vieles in mir bewirken kann, nicht öfter als *einmal* jede zweite Woche unterziehen – ganz anders verhält es sich selbstverständlich bei beaufsichtigten Massagen zu bestimmten Zwecken. Und wenn ich gesundheitlich nicht auf der Höhe bin, befrage ich natürlich am besten meinen Arzt.

## Zwei Körper aufeinander eingestellt

*»Eine Welt entsteht, indem ich mich in andere Wesen versetze, indem ich mit ihnen fühle, indem ich mich mit ihnen freue, indem ich ihre Leiden miterleide.«*

(Yoga Sikichai)

Massieren kommt nicht allein dem zugute, der massiert wird, sondern in gleichem Maße auch dem Massierenden. Die diesen durchfließenden Energien haben auch für ihn selber reinigende Kraft. Was sich besonders günstig bei einer **Partnermassage** auswirkt, wo zwei Körper von vornherein aufeinander eingestimmt sind. Es ist aber notwendig, daß während der ganzen Massage und auch anschließend die Polarität zwischen dem massierenden und dem zu massierenden Part aufrechterhalten bleibt. Intimitäten zwischen zwei Verliebten haben am besten *einige* Zeit vor der Massage ihren Platz, also nicht unmittelbar vorausgehend. Als Abschluß der Massage kann es angebracht sein, daß der Massierende dem Massierten die Hand auflegt. Auch noch einige Zeit nach beendeter Massage darf der soeben Massierte keinesfalls alleingelassen werden.

## Intuitive Massage

Die **Partnermassage** ist weitgehend eine meditativ-intuitive Massage, es wird da also nicht routinemäßig oder übertrieben planmäßig vorgegangen. Wenn ich meinen Händen in diesem Sinne Raum lasse, verstehe ich mich als verbindendes Medium zwischen den Energiequellen und dir. Ich konzentriere mich daher auf mein Zwerchfell und lasse meine Hände deine Gestalt, dein Gesicht, deinen Körper erfühlen und lasse sie zu den Partien und Punkten wandern, die der Zuwendung bedürfen. Intuitiv finden die sich bewegenden Hände die energetisch unausgewogenen Stellen und verweilen dort.

Natürlich kann ich auch hinschauen, ich muß das auch, um mich zu vergewissern, welche Körperpartien meine besondere Aufmerksamkeit verlangen. Der Partner/die Partnerin wird zudem konstant signalisieren, wie ihm/ihr ist – zudem wird er/sie vor Beginn der Massage in der Regel die Stellen aufzeigen, die nach seiner/ihrer Ansicht eine Behandlung ganz besonders nötig haben.

## Eine Welt entsteht

Energien, die sich stauen, können schaden, sie müssen stattdessen genutzt werden. Energien lösen sich, wenn fühlende Hände vom Kopf her zu den Füßen hin streichen. Wo es an Energien fehlt, können diese zugeführt werden, indem die massierenden Hände von den Füßen her zum Kopf hin gleiten.

Die **Partnermassage** wird von zwei Menschen gleichzeitig erlebt, die sich kennen und die einander immer wieder Neues zu sagen haben. In einer Welt, in der sie miteinander leben, miteinander fühlen, zusammen sich freuen und auch miteinander leiden.

*»Wir sind uns und anderen zum Heil, wo wir unsere Energien zu nutzen wissen.«*

(Yoga Sikichai)

## Die gesteuerte innere Reise

*»Die Phänomene haben mich weniger in ihrer Gewalt, wenn sie bereits in ihrem Entstehen erkannt werden, wenn sie als das durchschaut werden, was sie sind, wenn ich mich bejahe als das, was ich bin.«*

(Buddhistische Weisheit)

Vielleicht gehöre ich zu den Menschen, die nicht mit allem, was sie bisher erreicht haben, zufrieden sind und die sich fragen, woran das liegen mag. Ich habe womöglich auch einige Therapien versucht. Oder ich habe das, was ich träumte, jedesmal gleich aufgeschrieben, falls es beim Erwachen noch präsent war. Was aber habe ich mit solchen Aufzeichnungen anfangen können? Welche Möglichkeiten hatte ich zu ihrer Deutung? Vielleicht habe ich einen Traum auch schon einmal weiterträumen wollen, um vielleicht so zu einer Lösung zu kommen?

Mit meinen Träumen kann ich auch arbeiten, indem ich an ihnen im Wachzustand weiterzuspinnen versuche, mich bewußt mit ihnen auseinandersetze, wie es in der Gestaltpsychologie geübt wird. Ich habe auch die Möglichkeit, mich in einen hypnotischen Zustand zu bringen – in Verbindung mit einem autogenen Training etwa – und ein Traumerleben herbeizuführen, das ich nach Gutdünken lenken kann auf einer – nennen wir es – **gesteuerten inneren Reise**. Diese kann recht gezielt vonstatten gehen mittels eines dafür geeigneten Verfahrens, das im Beisein eines verläßlichen und qualifizierten Begleiters, am besten meines Partners, zu weiteren Erkenntnissen und Umbrüchen führen wird. Ein solches Verfahren ist im folgenden dargestellt.

Die Reise in der Tiefenentspannung darf nur in einer Atmosphäre völliger Geborgenheit Raum haben, am besten wie gesagt im Beisein meines Partners als Begleiter. Er wird bereits mithelfen, daß ich in einen ganz entspannten Zustand komme, indem er an meinen Fußknöcheln und an meiner Stirn behutsam massiert. Einfühlend begleitet er mein in der Entspannung abgehobenes Erleben, er wird die passenden Fragen stellen und mich zu eigenen Entscheidungen auffordern. Zur Durchführung setze ich mehrere Stunden an. Auch mit Blick darauf, daß das aufgebaute Gefühl der Geborgenheit mir lange erhalten bleiben möge. Am besten nehme ich mir einen ganzen Tag dafür, einen Tag, an dem sonst nichts auf dem Programm steht. Was natürlich auch für den Begleiter zu gelten hat. Es empfiehlt sich, das Ausklingen des Tages, den Abend und die Nachtruhe in den Gesamtablauf einzubeziehen – damit der folgende Tag ein wirklich neuer Tag sein wird.

### Vorbereitende Tiefenentspannung

Ich strecke mich auf einer festen, planen Unterlage aus. In der eingenommenen Rückenlage lasse ich meine Augen zufallen, mit dem starken Vorsatz und Beschluß, dabei nicht einzuschlafen. Die Beine sind gerade, die Füße weisen etwas nach außen, sind im rechten Winkel zueinander, die Arme ruhen seitlich des Rumpfes, die Hände so, daß die Handkanten mit je dem kleinen Finger auf der Unterlage aufliegen. Ich lasse den Atem – nach Möglichkeit ausschließlich durch die Nase – kommen und gehen, kommen und gehen, kommen und gehen, und so weiter, ohne daß ich selbst etwas dazu tue. Wo nötig fordert mich der Begleiter zum Weiteratmen auf, sagt: »Laß den Atem kommen und gehen, kommen und gehen.« Schlimmstenfalls hält er meinen Atem durch sein eigenes – für diesen Zweck demonstrativ lautes – Atmen aufrecht.

**Vorbereitendes Massieren**

Als erstes massiert der Begleiter etwa vier Minuten lang an meinen Fußknöcheln, an beiden gleichzeitig. Er beginnt sehr behutsam und drückt allmählich etwas fester auf. Von meinen Füßen streichen seine Hände – meinen Rumpf kaum berührend – zu meiner Stirn, um hier gleichfalls etwa vier Minuten lang zu massieren, wobei seine Fingerkuppen – etwas andrückend – dann auch schnelle Kreise beschreiben. Zwischendurch fragt mich der Begleiter immer wieder, wie es mir gehe, wie ich mich fühle. Schließlich ist der Zeitpunkt gekommen, wo ich sage, daß ich ein Gefühl der Benommenheit, ein Brummen im Kopf habe. Der Begleiter überzeugt sich von meinem Entspanntsein, indem er zur Probe meine eine, dann meine andere Hand etwas von der Unterlage hebt und sie auf die Unterlage zurückfallen läßt. Dasselbe macht er dann mit meinen Füßen

**Vorbereitendes Visualisieren des Körpers**

Nun setzt sich der Begleiter zurück und sagt mir, daß ich meine Beine und meine Füße wahrnehmen, sie in ihrer ganzen Gestalt erleben soll und daß ich darauf achten soll, wie sich meine Füße in meiner Vorstellung um ca. 5 cm nach unten hinaus verschieben und wie auf diese Weise mein Körper um ca. 5 cm länger wird. Anschließend kommt die Mitteilung, darauf zu achten, wie die Füße dann wieder in die Ausgangslage, in die gewohnte Länge zurückgehen. Dieses vorgestellte und empfundene Längerwerden und Zurückgehen in die ursprüngliche Lage wiederhole ich drei- bis vierrmal. Dieselbe Prozedur findet nun auch am Kopf statt: der Körper wird am Kopf um ca. 5 cm länger empfunden, er geht dann wieder in die gewohnte Lage zurück. Das läßt sich mindestens einmal wiederholen. »Jetzt wieder zu den Füßen«, höre ich den Begleiter sagen. Diese verlängern sich von mir empfunden diesmal um ca. 20 cm – und gehen wieder zurück. Auch am Kopf verlängere ich mich in dieser Art um ca. 20 cm – und lasse es wieder zurückgehen. Und dann nochmals die Beine und Füße: diesmal wird in dieser Art mein Körper dort um ca. 50 cm länger und bildet sich wieder zurück, um nochmals um die gleiche Länge zu wachsen – die Länge behält er jetzt aber bei! Und auch am Kopf wird mein Körper um ca. 50 cm länger – und geht auch hier nicht mehr zurück! Nach allen Seiten werde ich nun sehr groß in meiner Vorstellung.

**Visualisieren des Ausgangspunktes**

Nun will der Begleiter einiges wissen:

»Wie sieht deine [oder auch: unsere] Haustür von außen aus?«

»Welche Farbe hat sie außen?«

»Und welches Muster?«

»Wie ist die Umrahmung?«

»Ist da auch wo ein Briefkasten?«

»Was für einer?«

»Wie sieht der aus?«

Immer mehr wird gefragt, immer wieder bis ins kleinste Detail.

**Aufstieg**

Dann folgt die Aufforderung, mich auf das Dach des Hauses zu begeben. Doch wie? Vielleicht mit einem Sprung? Oder durch Hinaufklettern? Oder eine Leiter benutzen? Oder hinauffliegen? Dazu müßte ich Flügel haben. Oder mich an einen Ballon hängen? Oder wie geht's sonst noch?

Endlich stehe ich auf dem Dach. Ich werde gefragt, was ich von da aus so alles erblicken kann. Ich soll in alle Richtungen schauen und alles bis ins Detail beschreiben.

**Die Reise in den Äther**

Jetzt kommt die Aufforderung, mich weiter und immer noch weiter nach oben zu begeben, in die Luft also, so 500 m in die Höhe. Sobald ich dann oben bin, werde ich gebeten zu beschreiben, was ich von dort aus sehen kann. Wieder ist in alle Richtungen zu blicken, indem ich mich um 360 Grad langsam drehe.

Die Fragen des Begleiters:

»Welche Tageszeit ist es?«

»Wie sieht alles aus?«

»Laß es nun Nacht werden. Wie sieht jetzt alles aus?«

»Laß es nun wieder Tag werden und hell die Sonne scheinen. Wie sieht jetzt alles aus?«

**Die Rückkehr**

Der Begleiter fragt: »Willst du wieder herunterkommen?« Eine Entscheidung kann hier schwerfallen, zumal ich auch nicht so aufs Geratewohl überall landen möchte, ich mich insbesondere damit zu beschäftigen habe, die vielen Möglichkeiten, die sich auftun, genauestens zu betrachten und abzuwägen, um entsprechend handeln zu können. Ich habe mich zu entscheiden – jetzt oder nie! Der Begleiter ist auf meine Unruhe eingestellt, er kann sie nachvollziehen, und je nach meinem Verhalten stellt er neue Fragen. Er fragt immer wieder, ob ich nun zur Erde zurück möchte oder jetzt noch nicht.

Nach einiger Zeit bin ich darauf eingestellt zu landen. Doch dann wird mir im Landeanflug klar: nein, in diese Umgebung hier unten möchte ich auf keinen Fall. Da reise ich eben einfach weiter, was sich dann wieder hinzieht. Dem Begleiter wird solches nicht neu sein.

Schließlich tut sich mir eine Gegend auf, in der ich landen möchte. Dort lande ich. Der Begleiter fragt mich nun, wo und in welcher

Umgebung ich mich befinde und was ich dort erlebe. Ja, ich habe diese Gegend ausgesucht, weil ich mich da wohlfühle, ohne Ängste vor Enttäuschungen. Die Gegend ist für mich geographisch lokalisierbar. Ich sehe mich von außen, sehe, wie ich aussehe und was ich anhabe. Ich bin älter als ich in Wirklichkeit bin – etwas später erscheine ich als ein kleiner Junge beziehungsweise als ein kleines Mädchen. Und wieder etwas später bin ich in meinem gegenwärtigen Alter, und zwar eher so, wie ich mich im jetzigen Augenblick gerne sehe. Ich sehe mich so, wie ich es für mich wünsche.

Der Begleiter fordert mich nun auf, meinen ganzen Körper durchzustrecken und tief Luft zu holen, mich nochmals zu strecken, noch einmal tief Luft zu holen und dann laut zu gähnen, zu meinem ausgestreckt hier liegenden Körper zurückzufinden, zu meinen Füßen zu blicken und auf meinen ganzen Körper, auf meine Kleidung zu schauen. Der Begleiter fragt: »Wohin willst du jetzt? Was wirst du dir vornehmen, was willst du jetzt unternehmen?« Und er erkundigt sich, wie es mir geht, wie ich mich fühle, was ich jetzt in diesem Augenblick am liebsten möchte. Der Begleiter bleibt in meiner Nähe, am besten bis zum Abend und auch die Nacht über.[10]

[10] Beispiele von Landeversuchen und hiermit verbundenen Traumerlebnissen nach einer inneren Reise finden sich in dem Bändchen *Anflüge. MIND GAMES deutsch* von Horst Nägele (Essen: Die Blaue Eule, 1990).

## Wie sich der Begleiter verhält

Der Begleiter ist während der ganzen Reise entspannt präsent und offen für das, was vor sich geht. Er identifiziert sich mit dem Reisenden, um die richtigen Fragen stellen zu können und um die passenden Weisungen geben zu können. Der Begleiter – auch wenn es ihm nicht möglich ist, bis ins Detail mitzufolgen – erkennt, was sich abspielt, ist aber äußerst zurückhaltend mit dem Sprechen, mit den Fragen, mit den Anweisungen. Körperkontakt ist in Notsituationen ausnahmsweise geboten, ansonsten eher schädlich. Das gilt auch, nachdem die Reise beendet ist, solange der von der Reise Zurückgekommene nicht von sich aus nach körperlicher Nähe verlangt.

Während der Reise – und überhaupt in Verbindung mit der Reise – darf der Begleiter in keinem Augenblick und in keiner Weise eigene Interessen wahrnehmen. Es dürfen auch niemals vorab abgesprochene Dienste auf Gegenseitigkeit, welcher Art auch immer, hereinspielen. Die Beziehung zwischen dem Begleiter und dem Reisenden hat in jeder Hinsicht emotional entspannt zu sein. In diesem Sinne können Familienbande, gleichgültig welcher Art, sich manchmal eher hinderlich auswirken. Der Begleiter hat ein wirklich guter Freund zu sein, am besten wäre wie gesagt der vertraute Partner.

## Der Reisende während der Reise

Der Reisende reist alleine. Der Begleiter hat lediglich dafür Sorge zu tragen, daß der Reisende so gut wie möglich seine Entscheidungen treffen kann. Der Begleiter ist also nicht jemand, der aktiv mitspielt, mit dem der Reisende auf der Reise sich auseinanderzusetzen hat. In Verbindung mit den vom Begleiter gestellten Fragen und den gegebenen Anweisungen redet der Reisende, wenn überhaupt, monologisch.

### Das Gefühl von Befreiung

Das Erlebte hält sich in der Erinnerung des Reisenden, insbesondere wo er auf dieser Reise eine Sache selbst in die Hand genommen und damit eine Klärung herbeigeführt hat, die womöglich schon lange anstand. Dadurch fühlt er sich befreit und für Neues offen.

### Was nun zu tun ist

Mit dem Erkannten kann weitergearbeitet werden. Doch Vorsicht ist geboten, daß wir uns nicht zu sehr an etwas klammern, das uns im Moment wichtig erscheinen mag, wodurch wir aber die Hände nicht mehr frei haben würden! Hierauf hat bereits der Buddha aufmerksam gemacht: »*Hast du einmal etwas für dich als die Wahrheit, wirst du, sofern du dich an sie klammerst, nicht aufmachen, wenn die Wahrheit in Person zu dir kommt und bei dir anklopft.*«[11]

[11] Gotama Buddha. In: W. Muller, *Legacy of the Heart. The Spiritual Advantages of a Painful Childhood*, New York: Simon & Schuster, 1992, S. 135 f.

## Gebe ich genug Raum mir selber?

*»Das Leben ist beweglicher als die Sprache – selbst eine irre Sprache –, während die ganz zielgerichtete Sprache nicht über besondere Beweglichkeit verfügt. […] Ich erlebe hier wieder einmal, wie man von der philosophischen Reflexion im Stich gelassen wird. Sie kann nämlich der Erwartung nicht entsprechen, da sie lediglich über einen begrenzten Gegenstand verfügt – der sich aus einem anderen, im voraus definierten, definiert –, weshalb er, anders als der Gegenstand der Begierde, immer nur Gleichgültigkeit hervorruft.«*

(In: Georges Bataille, *Das Unmögliche*, Frankfurt am Main: Fischer-Taschenbuch, 1994, S. 35 f.)

Ein junger Witwer, der sehr an seinem fünf Jahre alten Sohn hing, war geschäftlich von zu Hause weg, als eine Horde ins Dorf drang, alles niederbrannte und das Kind mit sich nahm. Bei seiner Rückkunft fand der Mann nur noch Ruinen vor und geriet in Panik. Einen verkohlten Kinderleichnam hielt er für den seines Sohnes. Er raufte sich das Haar und schlug sich auf die Brust, heulte, war ganz außer sich. Er bestellte eine Feuerbestattung, nahm die Asche zu sich und verwahrte sie in einem ausgesuchten samtenen Beutel. Diesen trug er immer bei sich, bei der Arbeit, beim Essen, während des Schlafens.

Eines Tages entkam der richtige, der verschleppte Sohn seinen Räubern und fand nach Hause zurück. Er erreichte die wiederaufgebaute Hütte gegen Mitternacht und klopfte an die Tür. Der Vater trug da noch immer den Beutel mit der Asche mit sich herum und heulte immer noch.

Er fragte: »Wer ist da?«

Das Kind anwortete: »Ich bin's, Papa, mach auf, dein Sohn ist's.«

In seinem aufgewühlten Gemütszustand argwöhnte der Vater, irgendein boshafter Bengel halte ihn zum Besten, und er befahl dem Kind, zu verschwinden, und fuhr mit seinem Heulen fort. Wieder und wieder klopfte der Junge an, sein Vater erkannte ihn nicht und ließ ihn nicht ins Haus. Das ging so eine ganze Zeit. Bis der Sohn dann aufgab und von dannen zog. Vater und Sohn haben sich nie mehr gesehen.

Diese Geschichte soll der Gotama Buddha erzählt haben.

# Das gelebte Leben

*»Das zuerst genannte Glied der Kette ist Unwissenheit – das Unvermögen, die Wahrheit zu sehen, der Mangel an Einsicht in die Wirklichkeit der Dinge. Auf diesem Boden der Täuschung entstehen unbewußte Impulse und Triebe. Wegen unserer grundlegenden Unwissenheit werden diese Antriebe nicht als das erkannt, was sie sind – vergänglich und trügerisch –, sondern es wird ihnen gestattet, zu blühen und Früchte zu tragen. Schließlich, wenn auch noch unbemerkt, brechen sie durch zum bewußten Geist. Das Bewußtsein, so unerleuchtet wie die unterbewußten Triebe, aus denen es entstand, beginnt sogleich zu klassifizieren und festzulegen. Statt des ›ständig Fließenden‹ geht das Bewußtsein aus von einer stabilen Welt identifizierbarer Dinge. Diese Welt der ›zehntausend Dinge‹ stößt auf unsere Sinne und sogleich wird eine Gefühlsreaktion hervorgerufen. Wir empfinden etwas als angenehm oder unangenehm, oder es ist uns völlig gleichgültig. Diese gefühlsmäßige Reaktion erzeugt ein Verlangen; wenn die Erfahrung eine angenehme ist, suchen wir sie, ist sie unangenehm, schrecken wir vor ihr zurück. Aus diesem Verlangen entsteht das Haften, wenn wir der Gewohnheit verfallen, haben zu wollen oder zurückweisen.*

(In: H. Saddhatissa, *Des Buddha Weg*, Berlin: Theseus, 3. Aufl. 1995, S. 39 f.)

Nicht alles verläuft so, wie ich es mir vorgestellt habe. Ich entdecke, daß vieles anders ist als von mir gedacht. Durch meine

Vipassana-Meditation habe ich die Möglichkeit, mich in solchen Lagen gelassener zu verhalten. Auch bin ich zu der Einsicht gelangt, daß mein eigenes Wertesystem nicht ohne weiteres auf andere übertragbar ist. Andererseits ist nicht zu leugnen, daß eine Sache sehr gewinnt, wenn sie auch für andere Sinn hat.

Fast alles, was man haben zu müssen glaubt, steht uns zu unserer Verfügung. Und wir haben auch die Möglichkeit, es in Besitz zu nehmen. In den meisten Fällen geht es mit Geld. Manchenorts fehlt das Geld, und wo es vorhanden ist, vermag es doch nicht alles, so daß man viele Stunden, wenn nicht ein ganzes Leben damit verbringen muß, darüber nachzudenken, auf welchem Wege das Heißersehnte zu erlangen ist. Hat man endlich das Ziel erreicht, kann es sich womöglich auch noch als Trugbild herausstellen.

Gibt es nichts, um das zu kämpfen sich lohnt, scheint unser Leben langweilig zu werden. Wo sich nichts ereignet, hat also etwas zu geschehen, das uns dann in Atem hält, uns Freude oder Unlust verschafft oder beides zugleich. Die Gefühle der Unlust bekommen wir meist als Zugabe.

Daher vielleicht die große Materialschlacht? Ohne exzessiven Aufwand scheint nichts mehr zu laufen. Da gäbe es auf jeden Fall kein, wie das heißt, wirtschaftliches Wachstum. Und da könnte auch nicht ein jeder der Feind eines jeden sein, was man dann mit Freundlichkeit kaschiert.

Wo so viel von Kommunikation die Rede ist, können auch schon mal Wünsche aufkommen, mit einander zu reden. Ein Sich-Öffnen bringt aber Gefahren mit sich. Ist es da nicht besser, in fensterlosen Monaden zu wohnen. Diese Schutzbunker in einem Krieg eines jeden gegen jeden haben sich als außerordentlich geeignet erwiesen, Zäune aufrechtzuerhalten, die Barrikaden zum Gegenüber festzuzementieren. Ein erfülltes Leben sei das.

Indem wir alles haben, von nichts lassen wollen, konnten wir es zu äußerem Reichtum bringen. Auch wenn es da so vieles gab, das wir gerne auch noch gehabt hätten, aber nicht bekommen konnten, da es ein anderer oder eine andere bereits in Besitz genommen hatte. Wir beneideten den anderen oder die andere darum – oder haßten auch, weil er oder sie uns genauso gierig erschien, wie wir es selbst waren. Da mußten wir gegen ihn oder sie etwas unternehmen, wobei uns zu Hilfe kam, daß wir von nichts etwas Näheres gewußt hatten und auch jetzt noch nicht wissen. Auf solche Weise hat sich's bestens leben und auch überleben lassen. Nur daß wir eben zusehen müssen, wie andere dieses oder jenes haben und dieses oder jenes tun, und das ist schon schlimm, auch wenn wir eigentlich genau dasselbe haben und genau dasselbe tun wie sie. Das hat uns verbittert und krank gemacht. Am meisten setzen uns jedoch die zu, die noch nie etwas Vernünftiges geleistet haben, auf unsere Kosten leben, sich einen guten Tag machen zusammen mit ihresgleichen. Und daß solche dann auch noch Kinderlein bekommen, die, wie unsere Überzeugung ist, nie eine Zukunft haben können, wo es doch schon unsereins so schwer hat.

Von den in der buddhistischen Überlieferung erwähnten drei Hauptvernichtungswaffen **Habgier**, **Haß** und **Unwissenheit** ist letztgenannte den beiden anderen übergeordnet. **Unwissenheit** scheint in allen Lebenslagen von jeder Verantwortung zu befreien; der absolute Renner, möchte man meinen, der zum unaufhaltsamen Erfolg führt, indem er gleich dreifach freispricht: im Augenblick der Planung, im Augenblick der Ausführung und nach vollendeter Tat. Die Intentionalität der Unwissenheit zeigt sich auch noch in ihrer dem Anschein nach unschuldigsten Variante eines so ganz Unbedarften, kann sich doch gerade in der flachesten Ignoranz höchste, will sagen tiefere Intelligenz versteckt halten, die sich gegen alle Achtsamkeit und Bewußtheit natürlich zur Wehr zu setzen weiß. Profiliert stupid auftretende Unwissenheit eignet sich immerhin dazu, Macht auszuüben, was im Kampf ums Überleben allemal eine gewisse Befriedigung und Sicherheit verschaffen kann.

## Gedanken und Texte

### Dichterliebe

(aus der Sicht von Søren Kierkegaard)

Er war tief innerlich verliebt, das war klar, und doch war er imstande, gleich an einem der ersten Tage sich an seine Liebe zu erinnern. Im Grunde war er mit dem ganzen Verhältnis fertig. Indem er beginnt, hat er einen so erschreckenden Schritt getan, daß er das Leben übersprungen hat. Mag das Mädchen morgen sterben, das wird keine wesentliche Veränderung hervorrufen. Er wird sich wieder hinwerfen, wieder wird sein Auge sich mit einer Träne füllen, wieder wird er das Dichterwort sprechen. Welch sonderbare Dialektik! So sehnt er sich nach dem Mädchen, er muß sich selbst Gewalt antun, um nicht den ganzen Tag an ihr zu hängen, und doch ist er im ersten Augenblick ein alter Mann geworden im Hinblick auf das ganze Verhältnis. Ein Mißverständnis muß da zugrunde liegen. Lange Zeit hindurch hat mich nichts so stark bewegt wie dieser Auftritt. Daß er unglücklich werden würde, das war wohl klar, daß das Mädchen dies gleichfalls würde, war nicht weniger klar, wenn es auch nicht sofort vorauszusehen war, auf welche Weise dies geschehen würde. Soviel ist indes gewiß, wenn jemand mitreden kann über die Liebe der Erinnerung, dann er. Die Erinnerung hat den großen Vorteil, daß sie mit dem Verlust beginnt, deshalb ist sie sicher, denn sie hat nichts zu verlieren. [...]

Nicht des Meeres weite Kühnheit, nicht des Waldes einschläfernde Stille, nicht des Abends lockende Einsamkeit konnten ihn herausbringen aus seiner schwermütigen Sehnsucht, in welcher er der Geliebten nicht so sehr sich näherte als vielmehr sie verließ. Sein Irrtum war unheilbar, und sein Irren war dies, daß er am Schluß stand statt am Anfang; aber ein solcher Irrtum ist und bleibt eines Menschen Untergang.

Und doch halte ich fest an der Richtigkeit seiner Stimmung als einer erotischen, und wer sie in seiner Liebe nicht gerade am Anfang erlebt hat, der hat nie geliebt. Nur muß er noch eine andere Stimmung daneben haben. Jenes potenzierte Erinnern ist der ewige Ausdruck der Liebe im Anfang, ist Zeichen einer wirklichen Liebe. Aber auf der anderen Seite gehört eine ironische Elastizität dazu, um sie gebrauchen zu können. Diese fehlte ihm, dafür war seine Seele zu weich. Das muß wahr sein, daß im ersten Augenblick das Leben eines Menschen vorbei ist, aber es muß auch Lebenskraft dasein, um diesen Tod zu töten und in Leben zu verwandeln. Im ersten Tagesgrauen der Liebe streiten das Gegenwärtige und das Zukünfige miteinander, um einen ewigen Ausdruck zu erhalten, und dies Erinnern ist gerade das Zurückströmen der Ewigkeit in das Gegenwärtige, das heißt, wenn dieses Erinnern gesund ist. [...]

Im Laufe von etwa vierzehn Tagen sah ich ihn ab und zu bei mir. Er begann, das Mißverhältnis selbst zu begreifen, das junge angebetete Mädchen war ihm schon beinahe eine Last. Und doch war sie die Geliebte, die Einzige, die er geliebt hatte, die Einzige, die er lieben würde. Andererseits liebte er sie doch nicht, denn er sehnte sich bloß nach ihr. Mit ihm selbst geschah bei all dem eine merkwürdige Veränderung. Eine dichterische Produktivität wachte in ihm auf nach einem Maßstab, den ich nie für möglich gehalten hätte. Nun begriff ich alles leicht. Das junge Mädchen war nicht seine Geliebte, sie war der Anlaß, welcher das Poetische in ihm erweckte und ihn zum Dichter machte. Deshalb konnte er nur sie lieben, nie sie vergessen, nie würde er eine andere lieben und doch beständig sich nur sehnen nach ihr. Sie war mit in sein ganzes Wesen hineingezogen, das Andenken an sie war ewig frisch, sie hatte ihn zum Dichter gemacht, und gerade dadurch hatte sie ihr eigenes Todesurteil unterschrieben.

(Søren Kierkegaard, *Die Wiederholung. Ein Versuch in der experimentierenden Psychologie von Constantin Constantius*, [Kopenhagen, 1843] Reinbek: rororo, 1961, S. 11 ff.)

## Idealistische Liebe

(aus der Sicht von Nikolaj Frederik Severin Grundtvig)

So löste da das Ich den gordischen, so vielfach verschlungenen Knoten des Menschen-Daseins dadurch, daß es erstlich den Körper und die ganze Sinnlichkeit als etwas neben sich Vorgefundenes, Fremdartiges in Gedanken rein von sich absonderte, vernichtete, das heißt verschlang und dann wieder aus sich selbst ganz wie es gewesen hervorbrachte. So war es dann entdeckt worden und nachgewiesen, daß der Mensch an und für sich ein Gott wäre, der sich ein Gesetz gab, dem er widerstrebte, und sich einen Körper schuf, der ihn beschränkte und der ihn anekelte. Alles freilich nur in Gedanken, um sich an sich selbst zu ergötzen und zu rächen und sich auf ein Mal anbetungswürdig und verwerflich, zu allem und zu nichts zu machen, sich auf ein Mal zu vergöttern und zu vernichten, zu bejahen und zu verneinen.

(Nikolaj Frederik Severin Grundtvig, »Grenzen der Menschheit«, *Grundtvig Studier*, [Kopenhagen] 1984, S. 12 f.; kommentiert in Horst Nägele, »Warum wir uns mit N. F. S. Grundtvigs idealismus-kritischen Abhandlungen beschäftigen«, *Grundtvig Studier*, [Kopenhagen] 1995, S. 205 ff.)

## Körperbewußtheit

(aus der Sicht von H. Saddhatissa)

Die Achtsamkeit auf den Körper [...] besteht darin, daß man allmählich seines Körpers mehr gewahr wird. Wir können diese Übung beginnen, indem wir versuchen, die verschiedenen Änderungen in der Haltung des Körpers – beim Liegen, Sitzen, Stehen, Gehen – zu betrachten. Es muß darauf geachtet werden, daß man weder zu objektiv noch zu subjektiv ist; wir sind nicht aufgefordert, unsere Körper zu betrachten als »Dinge«, die sich vor dem zusehenden Geist wie Puppen bewegen, noch sollen wir jede Bewegung und jede Geste ganz genau »fühlen«. Was verlangt wird ist vielmehr, daß wir versuchen, hier und jetzt »in unseren Körpern« zu leben. Dies mag als merkwürdige Forderung erscheinen, doch wenn wir einmal versuchen, diesen Zustand zu erleben, erkennen wir, wie selten wir wirklich »in unseren Körpern« leben, wie selten wir die Bewegungen unserer Glieder und des Zusammenspiels der Muskeln gewahr sind. Achtsamkeit des Körpers kann auch geübt werden, indem man den Atem beobachtet, wie er an den Nasenflügeln vorbeistreicht – hinein und hinaus –, indem man auf die Geräusche lauscht, die an die Ohren dringen, ohne ihre Bedeutung zu überlegen und sie zu beurteilen, sondern nur, indem wir ihr Entstehen und Vergehen zur Kennnis nehmen. Wir können lernen, des Geschmacks und der Struktur der Nahrung gewahr zu werden, nicht in der Art der Feinschmekker, nicht, um Experte zu werden im Herausfinden von Gewürzen oder in der Auslese von Weinen, sondern einfach, um unsere Aufmerksamkeit zu intensivieren, indem wir die Reihenfolge und Stärke von Sinneswahrnehmungen, die Vielfalt von Gerüchen, Temperaturen und Farben bemerken.

Für manche, und ganz besonders für die intellektuellen Typen, ist die Aufmerksamkeit auf den Körper zunächst schwierig. Es ist schwierig zu wissen, was es damit auf sich hat, was von einem tatsächlich zu tun erwartet wird. Aber wenn wir einmal anfangen, ein Gefühl dafür zu bekommen, wird es sehr einfach. Wir vergessen es wieder – natürlich – vielleicht für Stunden – dann plötzlich kommt die Erinnerung daran zurück und wir beginnen wieder. »Glücklich ist der, der des Körpers bewußt verweilt«, so ist gesagt worden. Wann immer wir gespannt werden, nervös, erschöpft, wenn wir uns des »Gefühls« der Achtsamkeit auf den Körper erinnern können und es wieder herstellen, verschwindet Anspannung und Müdigkeit.

(H. Saddhatissa, *Des Buddha Weg*, Berlin: Theseus, 3. Aufl. 1995, S. 56 f.)

## Ethische Liebe

(aus der Sicht von Knud E. Løgstrup)

Die Forderung, das Leben des anderen, das uns ausgeliefert ist, in Schutz zu nehmen, ist – zu welchen Worten und Taten sie auch immer Anlaß geben möge – stets gleichzeitig eine Forderung, dem anderen Zeit zu lassen und ihm seine Welt so weit und geräumig zu machen wie nur möglich. Die Forderung, die dem Ausgeliefertsein des anderen an mich entspringt, verlangt immer zugleich von mir, daß ich dieses sein Eingesperrtsein sprenge und ihm den Horizont für seinen Blick freimache und weite.

(Knud E. Løgstrup, *Die ethische Forderung*, Tübingen, 1959, S. 28 f.)

## Was man so unter erotischer Liebe versteht

(aus der Sicht von Erich Fromm)

[Bei der *erotischen* Liebe] handelt es sich um das Verlangen nach vollkommener Vereinigung, nach der Einheit mit einer anderen Person. Eben aus diesem Grund ist die erotische Liebe exklusiv und nicht universal; aber aus diesem Grund ist sie vielleicht auch die trügerischste Form der Liebe. [...] Nachdem der Fremde für mich zu einem intimen Bekannten geworden ist, sind zwischen uns keine Schranken mehr zu überwinden, und ich brauche mich nicht mehr zu bemühen, ihm näherzukommen. Man lernt den »Geliebten« ebenso genau kennen wie sich selbst; oder vielleicht sollte man besser sagen, ebensowenig wie sich selbst. Wenn es mehr Tiefe in der Erfahrung des anderen Menschen gäbe, wenn man die Unbegrenztheit seiner Persönlichkeit erleben könnte, würde einem der andere nie so vertraut – und das Wunder der Überwindung von Schranken könnte sich jeden Tag aufs neue ereignen. Aber für die meisten ist die eigene Person genau wie die des anderen schnell ergründet und ausgeschöpft. [...] Man findet oft zwei »Verliebte«, die niemanden sonst lieben. Ihre Liebe ist dann in Wirklichkeit ein Egoismus zu zweit; es handelt sich dann um zwei Menschen, die sich miteinander identifizieren und die das Problem des Getrenntseins so lösen, daß sie das Alleinsein auf zwei Personen erweitern. [...] Selbst dem anderen seinen Ärger, seinen Haß, seine völlige Hemmunglosigkeit vor Augen zu führen, wird für Intimität gehalten, was die perverse Anziehung erklären mag, welche Ehepartner häufig aufeinander ausüben, die offenbar nur intim sind, wenn sie zusammen im Bett liegen oder wenn sie ihrem gegenseitigen Haß und ihrer Wut aufeinander freien Lauf lassen. [...] Die Zärtlichkeit ist keinesfalls, wie Freud annahm, eine Sublimierung des Sexualtriebes, sie ist vielmehr unmittelbarer Ausdruck der Nächstenliebe und kommt sowohl in körperlichen wie auch in nichtkörperlichen Formen der Liebe vor.

(Erich Fromm, *Die Kunst des Liebens*, neu übersetzte Ausgabe, Frankfurt am Main und Berlin: Ullstein Buch Nr. 35258, 1980, S. 64 ff.)

## das lied vom »sex«

(ein HAIKU)

träufeln die reden
prost und ex der heiße sex
versickernd im mond

haben ihren ex
von vorher den mann die frau
steril konserviert

haben ihren sex
fangen die drei buchstaben
aus dem abendblatt

nehmen sie zu sich
legen sie aneinander
zum weiterreichen

geben ihren sekt
bis alles zerronnen ist
auf bleichem papier

(Horst Nägele, *schmiegende brecher. Unbescholtene GEDICHTE aus weiten Gärten*, Föritz: Mitteldeutscher Literaturverlag amicus, 2004, S. 65)

## auf dem kalten markt

(ein HAIKU)

träumen von all dem
das nicht da das für sie ist
auf dem kalten markt

greifen's feste an
möchten das leben leben
weitererzählen

(Horst Nägele, *schmiegende brecher. Unbescholtene GEDICHTE aus weiten Gärten*, Föritz: Mitteldeutscher Literaturverlag amicus, 2004, S. 31)

## Erfolgreiche Liebe

(aus der Sicht von Alice Miller)

Es kommt vor, daß es einem Menschen gelingt, die Illusion der ständigen Zuwendung und der Verfügbarkeit des Selbstobjektes (dessen Fehlen in der frühen Kindheit er genauso wie seine Gefühlsreaktionen verleugnen muß) mit ununterbrochenen außergewöhnlichen Leistungen aufrechtzuerhalten. Dieser Mensch ist meistens imstande, eine drohende Depression mit verstärkter Brillanz zu verhindern und sowohl die Umgebung wie sich selbst damit zu verblüffen. Nicht selten wird da aber ein *Ehepartner* gewählt, der starke depressive Züge bereits mitbrachte oder mindestens in der Ehe die depressive Komponente des Grandiosen unbewußt übernimmt und agiert. So ist die *Depression draußen.* Man kümmert sich um den »armen« Partner, beschützt ihn wie ein Kind, fühlt sich stark und unentbehrlich und gewinnt einen zusätzlichen Stützpfeiler im Gebäude der eigenen Persönlichkeit, das keine festen Fundmente hat und auf die Pfeiler des Erfolges, der Leistung, der ›Stärke‹ und vor allem der Verleugnung der eigenen kindlichen Gefühlswelt angewiesen ist.«

(Alice Miller, *Das Drama des begabten Kindes und die Suche nach dem wahren Selbst*, Frankfurt am Main: Suhrkamp, [1979] 1982, S. 76 f.)

## Befreite Sexualität

(aus der Sicht von Alice Miller)

Das kleine Kind ist zunächst stummer Empfänger unserer Projektionen. Es kann sich nicht gegen sie wehren, kann sie uns nicht zurückgeben, sie uns nicht deuten, kann nur zu ihrem Träger werden, womit es uns den Beweis liefert, daß die Welt, die Menschheit, die Gesellschaft immer so sein müssen, wie wir sie in unserer Vergangenheit erfahren haben. Es müßte aber nicht immer so sein. Falls es den jungen Menschen wirklich gelingen sollte, ihre Sexualität vom narzißtischen Machtkampf und von der Schwarzen Pädagogik zu befreien und als solche zu genießen, werden sie kein Bedürfnis haben, ihre sexuellen Konflikte auf das Kind zu projizieren. Sobald das Kind mehr sein darf als ein Träger der elterlichen Projektionen, kann es für die Eltern zu einer unerschöpflichen Quelle des unverstellten *Wissens über die menschliche Natur werden.* Zu dieser Natur gehören bereits im frühesten Alter Sinnlichkeit, Freude am eigenen Körper, Freude an der Zärtlichkeit des Anderen, das Bedürfnis, sich zu artikulieren, gehört, gesehen, verstanden und geachtet zu werden, die Notwendigkeit, Zorn und Wut nicht unterdrücken zu müssen, und auch andere Gefühle, wie Trauer, Angst, Neid und Eifersucht, äußern zu dürfen.

(Alice Miller, *Du sollst nicht merken. Variationen über das Paradies-Thema.*, Frankfurt am Main: Suhrkamp [1981] 1983 suhrkamp taschenbuch 952 [mit einem neuen Nachwort], S. 198 f.)

## das heilige morgenmahl

(ein HAIKU)

züngelnde zungen
ineinander verschwungen
adam und eva

wollen beschleichen
die aufgehende sonne
unter der erbse

die auferstehung
mit den prüfenden lippen
den kelch segnend

den köstlichen wein
in heiliger umarmung
zergehen lassen

zur morgenandacht
auf dem baume des lebens
ineinander vergessen

die himmelsgaben
der aufgeklappten sonne
herunterladen

(Horst Nägele, *zeitlos zeit. UNPOLITISCHE UND POLITISCHE GEDICHTE,* London: Turnshare Ltd./edition lyrik, 2008, S. 118)

## einer im andern

(ein HAIKU)

im auf und im ab
überschlagen die wogen
schmiegend die brecher

halten einander
im ewigen verfließen
einer im andern

(Horst Nägele, *schmiegende brecher. Unbescholtene GEDICHTE aus weiten Gärten*, Föritz: Mitteldeutscher Literaturverlag amicus, 2004, S. 141)

## paradiesgarten

(ein HAIKU)

warm in der rundung
leises sprießen verzaubert
im zarten vergehn

(Horst Nägele, *zeitlos zeit. UNPOLITISCHE UND POLITISCHE GEDICHTE,* London: Turnshare Ltd./edition lyrik, 2008, S. 62)

## paß auf[12]

luft
sonne
tau und regen
im garten
die ernte
naschen
sperlinge
mäuse
maulwürfe
maikäfer
menschen

nichts ist dein
nichts ist
dein wüten
dein gift
dein feuerrohr
deine schlinge
sind wertlose aktien

[12] Nach einem (Prosa-)Textabschnitt in Christian Wagners Schrift *Neuer Glaube*, Kirchheim unter der Teck: Schweier 1894 (Faksimiledruck: 1980), S. 37 ff.

paß auf
deine aktien
paß auf deine aktien auf
paß auf
dein tun
paß auf dein tun auf
paß auf dich auf

(Horst Nägele, *schmiegende brecher. Unbescholtene GEDICHTE aus weiten Gärten*, Föritz: Mitteldeutscher Literaturverlag amicus, 2004, S. 101)

## Alles ist mein – Dein ist alles

(aus der Sicht von Christian Wagner)

Dein ist alles, all der Blumen Blühen,
Wenn hervor sie aus dir selber glühen,
All die Rosenknospen auf der Erden,
Wenn sie Rosen in dir selber werden.

Dein ist alles, all der Lieder Singen,
Wenn heraus sie aus dir selber klingen;
Jeder Schlag der sel'gen Philomele,
Wenn er hallt aus deiner eignen Seele.

Dein ist alles, was ob Tal und Hügeln
Lichtvoll sich in dir mag widerspiegeln,
Dein die Himmel selbst und selbst die Sterne,
Wenn du Glanz hast für den Glanz der Ferne.

Dein ist alles, all und jede Wonne,
Wenn sie aufgeht dir als eigne Sonne,
Jeder Tag, vom Licht emporgetragen,
Wenn er aufgeht dir als eignes Tagen.

(Christian Wagner, *Gedichte*, ausgewählt und eingeleitet von Hermann Hesse mit einem Nachwort von Peter Handke, Frankfurt am Main: Suhrkamp, 1980)

## Wunscherfüllung

(aus der Sicht von Johann Wolfgang von Goethe)

Ziehn die Schafe von der Wiese,
Liegt sie da, ein reines Grün;
Aber bald zum Paradiese
Wird sie bunt geblümt erblühn.

Hoffnung breitet lichte Schleier
Nebelhaft vor unsern Blick:
Wunscherfüllung, Sonnenfeier,
Wolkenteilung bring' uns Glück!

(Johann Wolfgang von Goethe, »Ziehn die Schafe«, aus *Chinesisch-deutsche Jahres- und Tageszeiten* [1830])

## Eine glückliche Welt

(aus der Sicht von Jacob Michael Reinhold Lenz)

*Wir müssen suchen, andere um uns herum glücklich zu machen.* Nach allen unseren Kräften arbeiten, nicht allein ihre Fähigkeit zu entwikkeln, sondern sie auch in solche Zustände zu setzen, worin sie ihre Fähigkeiten am besten entwickeln können. Wenn jeder diesen Vorsatz in sich zur Reife und zum Leben kommen läßt, so werden wir eine glückliche Welt haben. Jeder sorgt bloß für des andern Glück und jeder wird selbst glücklich, weil er um sich herum Leute findet, die für das seinige sorgen. Diese beständig wachsame und wirkende Sorgfalt für den Zustand meines Nebenmenschen wird auch das beste Mittel sein, hier in dieser Welt meine Fähigkeiten zu entwickeln, meine Vollkommenheit zu befördern.

(Jacob Michael Reinhold Lenz, *Werke und Briefe in drei Bänden*, hsg. von Sigrid Damm, Band 2, München: Carl Hanser, 1987, S. 510; in Kapitel »Versuch über das erste Principium der Moral«, S. 499-514)

## Ich gebe den durch mein Praktizieren erworbenen mentalen Zugewinn frei

*»Hast du einmal etwas für dich als die Wahrheit,*
*wirst du, sofern du dich an sie klammerst,*
*nicht aufmachen,*
*wenn die Wahrheit in Person zu dir kommt*
*und bei dir anklopft.«*

(Gotama Buddha. In: W. Muller, *Legacy of the Heart. The Spiritual Advantages of a Painful Childhood*, New York: Simon & Schuster, 1992, S. 135 f.)

»Ich fühle mich wie neugeboren. Meine Meditationen sind also nicht vergebens. Ich bin froh über den Erfolg. Es ist kaum zu glauben, um wieviel besser ich mich befinde, seitdem ich Zeit mit mir selber habe. Das Praktizieren gehört nun ganz zu mir und kommt gleichzeitig auch allen anderen zugute. Auch habe ich gelernt, daß, wenn ich schon nicht die Möglichkeit habe, im täglichen Leben viel Gutes zu bewirken, ich dennoch sämtliche Wesen in allen Himmelsrichtungen in meiner Meditation bedenken kann, wobei ich mich zeitweise auch auf einzelne Gruppen, einzelne Menschen oder einzelne Tiere beschränken kann.«

Das hört sich gut an, ich muß aber kritisch genug sein können zu sehen, daß selbst indem ich so vieles für andere erreiche, mein eigenes Ich, will noch nicht sagen meine Eitelkeit, am meisten davon profitiert. Darüber hinaus muß hier von einem mentalen Zugewinn der ganz besonderen Art gesprochen werden in Verbindung damit, daß ich so etwas wie »Verdienste« erworben habe. Oft wird dabei von »eigenen«, wenn man so sagen will, »spirituellen Verdiensten« gesprochen. Auf jeden Fall tue ich gut daran, das, was ich hinzugewonnen habe, nicht als meinen Besitz betrachten zu wollen, auch wenn ich noch soviel Mühe dafür aufgewendet habe. Weshalb ich alles, ohne zu zögern, freigebe. Würde ich nicht loslassen können, wären meine ganzen Bemühungen ohne Belang.

Das erscheint uns etwas fremd (obwohl zum Beispiel aus der christlichen Theologie entsprechendes bekannt ist). Das Freigeben von »Verdiensten« gehört zu dem wohl Subtilsten überhaupt und ist entsprechend schwierig zu praktizieren. Fürs erste kann vielleicht eine Sprechhandlung hilfreich sein, so wie sie zum Beispiel in der Tradition des **Diamantfahrzeugs** (*vajrayana*) am Ende jeder Meditationssitzung vollzogen wird und wie sie entsprechend nun auch den Schlußtakt in diesem Buch bildet:

> **»Möge mir schnellstens die volle Klarheit zuteil werden, in der jedes schmerzempfindende Wesen seinen Frieden findet.**
> **Möge die Heilkraft der Liebe weiter wachsen und sich entfalten.«**

Es ist das **Bodhisattva-Gelöbnis.**

# Epilog

*»Ach möchten so doch in der Welt,*
*Aufs edle Gesetz gestützt,*
*Die Herzenswünsche alle schnell*
*Erfüllen ohne Hemmung sich.«*

(Buddhaghosa)

Das Buch, das Sie gelesen haben, erhebt keinen Anspruch darauf, die einzige und die ganze Realität zu beschreiben. Es gründet auf dem Erleben des Autors, auf Gesprächen und auf Studien. Wenn es dazu beiträgt, mit sich und mit der Welt ins Reine zu kommen, hat es seinen Zweck erfüllt.

Gedankt sei allen, die am Zustandekommen der Publikation ihren Anteil haben. Sollte der Text unrichtige Aussagen enthalten oder sollte inkorrekt interpretiert oder dargestellt worden sein, war dies keinesfalls beabsichtigt.

# Literaturnachweis

*Anguttara-Nikaya. Die Lehrreden des Buddha aus der Angereihten Sammlung,* aus dem Pali übersetzt von Nyanatiloka, überarbeitet und herausgegeben von Nyanaponika, Band 1-5, Freiburg im Breisgau: Aurum, 6. Aufl. 1994, Fünfer-Buch, 193. Lehrrede.

Bataille, Georges, *Das Unmögliche*, Frankfurt am Main: Fischer-Taschenbuch, 1994.

Baudrillard, Jean, *Transparenz des Bösen. Ein Essay über extreme Phänomene*, Berlin: Merwe, 1992.

Bölter, Detlev, »Sehen, was ich nicht sehen wollte...«, *Bodhi Baum*, 3/1993. S. 35 f.

Buddha, Gotama (siehe Muller, Wayne, S. 135).

Buddhaghosa, *Visuddhi-Magga oder Der Weg zur Reinheit. Die größte und älteste systematische Darstellung des Buddhismus*, zum ersten Male aus dem Pali übersetzt von Nyanaponika, Konstanz: Christiani, 3. Aufl. 1975.

Chah, Ajahn, *A Taste of Freedom*, Bung Wai Forest Monastery/Thailand, 1980, S. 17; Kandy/Sri Lanka: Buddhist Publication Society. 1988.

Chah, Ajahn (siehe Kantowsky, Detlef, S. 101).

Fromm, Erich, *Die Kunst des Liebens*, neu übersetzte Ausgabe, Frankfurt am Main und Berlin: Ullstein Buch Nr. 35258, 1980.

Fromm, Erich, *Haben oder Sein. Die seelischen Grundlagen einer neuen Gesellschaft*, München: dtv, 16. Aufl. 1987.

Glaskin, G. M., *Windows of The Mind: The Christos Experience*, London: Wildwood House, 1974; Bridport: Prism, 1986.

v. Goethe, Johann Wolfgang, *Werke. Hamburger Ausgabe*, textkritisch durchgesehen und mit Anmerkungen versehen von Erich Trunz, Band 1: Gedichte, Hamburg: Wegner, 2. Aufl. 1966, S. 387.

Goldstein, Joseph/Jack Kornfield, *Einsicht durch Meditation. Die Achsamkeit des Herzens – Buddhistische Einsichts-Meditation für westliche Menschen*, Bern: Barth, 1989, S. 219.

Grundtvig, Nikolaj Frederik Severin, »Grenzen der Menschheit«, *Grundtvig Studier*, (Kopenhagen) 1984, S. 9-22.

Guenther, Herbert V., »Prozeßdenken und buddhistische Psychologie«, *Bodhi Baum*, 3/1993, S. 10-15.

Haberkern, Atina, *Meditieren geht über Therapieren. Die INTA-Meditation*, Konstanz: Nie/Nie/Sagen Verlag, 1996.

Hillman, James/Michael Ventura, *We Have Had A Hundred Years Of Psychotherapy*, San Francisco: Harper, 1992.

Hölderlin, Friedrich, *Sämtliche Werke. Historisch-kritische Ausgabe*, Band 4: Gedichte 1800-1806, besorgt durch Norbert v. Hellingrath, Berlin: Propyläen, 3. Aufl. 1943, S. 20.

Kantowsky, Detlef, *Buddhismus*, Braunschweig: Aurum, 1993.

Kierkegaard, Søren, *Die Wiederholung. Ein Versuch in der experimentierenden Psychologie von Constantin Constantius. Kopenhagen 1843*, Reinbek: rororo, 1961.

Kjaer, Jørgen, *Friedrich Nietzsche. Die Zerstörung der Humanität durch ›Mutterliebe‹*, Opladen: Westdeutscher Verlag, 1990.

Kjaer, Jørgen »Friedrich Nietzsche og Frederik Grundtvig«, *News Site Map Research Publications Faculty & Staff Calender Links Archive*, University of Aarhus: Center for Cultural Research, 2000.

Kohut, Heinz, *Narzißmus. Eine Theorie der psychoanalytischen Behandlung narzistischer Persönlichkeitsstörungen*, Frankfurt am Main: Suhrkamp, (1973) 9. Aufl. 1995.

(Kumarajiva/Seng Chao/Po Shan), *The Vimalakirti Nirdesa Sutra* (Wei Mo Chieh So Shuo Ching), translated by Lu K'uan Yü (Charles Luk), Berkeley and London: Shambala, 1972; deutsch vergl. Fischer J./Yokota, T., *Das Sutra Vimalakirti. Das Sutra der Erlösung*, Tokyo, 1944, S. 84 f.

Lelord, Francois/André, Christophe, *Der ganz normale Wahnsinn. Vom Umgang mit schwierigen Menschen*, Leipzig: Gustav Kiepenheuer, 1998.

Lenz, Jakob Michael Reinhold, *Werke und Briefe in drei Bänden*, herausgegeben von Sigrid Damm, Band 2, München: Carl Hanser, 1987, S. 510 (»Versuch über das erste Principium der Moral«).

Løgstrup, Knud E., *Die ethische Forderung*, Tübingen, 1959.

*Maha-Satipatthana-Sutta. Die 22. Lehrrede aus der Langen Sammlung (Digha-Nikaya): Die größere Lehrrede von den Grundlagen der Achtsamkeit*, abgedruckt in: Nyanaponika Thera (Feniger, Siegmund), *Geistestraining durch Achtsamkeit. Die buddhistische Satipatthana-Methode*, Konstanz: Christiani, 2., verbesserte Aufl. 1975, S. 169-189, hier S. 179.

Mahler, Margaret S., *Symbiose und Individuation*, Stuttgart: Klett, 1972.

Manjushri (siehe Kumarajiva/Seng Chao/Po Shan, S. 84).

Mason, Jeffrey M., *Die Abschaffung der Psychotherapie. Ein Plädoyer*, München: Bertelsmann, 1991; Goldmann-Taschenbuch, 1993.

Masters, Robert & Jean Houston, *Mind Games*, London: Turnstone Books, 1973.

Meister Eckhart, *Schriften*, herausgegeben von Hermann Büttner, Jena: Eugen Diederichs, 1934.

Meister Eckhart (siehe Quint, Josef).

Miller, Alice, *Das Drama des begabten Kindes und die Suche nach dem wahren Selbst*, Frankfurt am Main: Suhrkamp, (1979) 1982.

Miller, Alice, *Am Anfang war Erziehung*, Frankfurt am Main: Suhrkamp, (1980) 1983.

Miller, Alice, *Du sollst nicht merken. Variationen über das Paradies-Thema*, Frankfurt am Main: Suhrkamp (1981) 1983 suhrkamp taschenbuch 952 (mit einem neuen Nachwort).

Müller, Hartmut, *Heile Deine Gedanken. Mit Mind-Clearing Ziele klären, Hindernisse abbauen, klar bleiben*, Berlin: Simon + Leutner (kreative Impulse), 1992.

Muller, Wayne, *Legacy of the Heart. The Spiritual Advantages of a Painful Childhood*, New York: Simon & Schuster, 1992.

Nägele, Horst, *Der deutsche Idealismus in der existentiellen Kategorie des Humors. Eine Studie zu Jens Baggesens ideolinguistisch orientiertem Epos ›Adam und Eva‹*, Neumünster: Wachholtz, 1971 (=Skandinavistische Studien, Band 1).

Nägele, Horst, »Das Phänomen ›kontextualer Interferenz‹ als literaturwissenschaftlicher Ansatz. Ein Versuch am Beispiel des bilinguischen Dichterphilosophen Jens Baggesen«, *Deutsche Vierteljahresschrift für Literaturwissenschaft und Geistesgeschichte*, Jahrgang 45 (1971), S. 589-626.

Nägele, Horst, »Venus Urania in der Konventionsehe. Kritische Betrachtungen Jens Baggesens zu einer bürgerlichen Gesellschaftsstruktur aristokratischer Prägung«, *Danske Studier*, (Kopenhagen) 1972, S. 37-50.

Nägele, Horst, »Pornographie und Vorgartenzwerge«, *Neue Deutsche Hefte*, 1974, Heft 1; *Literatur und Kritik*, 1976, Heft 101.

Nägele, Horst, »Jens Baggesen über das Verhältnis des Deutschen Idealismus zur Französischen Revolution. Mit bisher unveröffentlichten Texten aus den Jahren 1823-25«, *Jahrbuch des Freien Deutschen Hochstifts*, (Tübingen: Niemeyer) 1974, S. 323-343.

Nägele, Horst, »Erfolgreiches Meditieren. Die fünf häufigsten Fehler und die fünf wichtigsten Hilfen in der Meditationspraxis«, *esotera. Die Wunderwelt an den Grenzen unseres Wissens*, 3/1976, S. 266-268.

Nägele, Horst, »Der Königsweg zur Innenschau. Praktische Anleitung zum richtigen Erlernen der Meditation durch Experimente mit der ›Körperwirklichkeit‹«, *esotera. Die Wunderwelt an den Grenzen unseres Wissens*, 7/1976, S. 605-611.

Nägele, Horst, *Anflüge. MIND GAMES deutsch*, Essen: Die blaue Eule, 1990 (=Bilderbeschreibungen in Verbindung mit einer gesteuerten inneren Reise).

Nägele, Horst, »Warum wir uns mit N. F. S. Grundtvigs idealismus-kritischen Abhandlungen beschäftigen«, *Grundtvig Studier*, (Kopenhagen) 1995, S. 205-216.

Nägele, Horst, *Die Heilkraft der Meditation. Vipassana – Was mich bewegt – Mein Weg – Wunscherfüllung*, Baunach: Deutscher Spurbuchverlag, 1997.

Nägele, Horst, *Die Heilkraft der Massage. YOGA SIKICHAI Gesundheitsmassage: Anleitung zur Praxis*, Baunach: Deutscher Spurbuchverlag, 1998.

Nägele, Horst, *schmiegende brecher. Unbescholtene GEDICHTE aus weiten Gärten*, Föritz: Mitteldeutscher Literaturverlag amicus, 2004.

Nägele, Horst, *zeitlos zeit. UNPOLITISCHE UND POLITISCHE GEDICHTE*, London: Turnshare, 2008.

Nägele, Horst, *Schwimmzüge. Eine fortlaufende Geschichte*, London: Turnshare, 2009.

Nägele, Horst, »Selbstbestimmung contra heteronome Machtansprüche. Zu Nikolaj Frederik Severin Grundtvigs Eintreten für eine offene, sich an den einzelnen Menschen zu orientierende Bürgergesellschaft«, *Mondialikon. Zeitschrift für Denkkultur*, (Berlin: Autumnus) 2010 (Jg. 1/Ausg. 1), S. 4-15.

Olvedi, Ulli, »Kontemplative Psychotherapie«, *Lotusblätter. Zeitschrift für Buddhismus*, 4/1992, S. 35-37.

Quint, Josef; *Meister Eckhart. Deutsche Predigten und Traktate*, herausgegeben und übersetzt von Josef Quint, München: Carl Hanser, 4. Aufl. 1977.

Richter, Horst-Eberhard, *Patient Familie. Entdeckung, Struktur und Therapie von Konflikten in Ehe und Familie*, 1870; Neuauflage Reinbek: Rowohlt, 2001.

Rutschky, Katharina (Hrsg.), *Schwarze Pädagogik. Quellen zur Naturgeschichte der bürgerlichen Erziehung*, Frankfurt am Main, 1977; Berlin: Ullstein Buch Nr. 3318, 1977.

Saddhatissa, H., *Des Buddha Weg*, Berlin: Theseus, 3. Aufl. 1995.

*Samyutta-Nikaya. Die in Gruppen geordnete Sammlung aus dem Pali-Kanon der Buddhisten*, zum ersten Mal ins Deutsche übertragen von Wilhelm Geiger, Band 1-2, München-Neubiburg: Oskar Schloss, 1925-30.

Schmidbauer, Wolfgang, *Die Angst vor Nähe*, Reinbek: Rowohlt, 1985.

Sprenger, Werner, *Verführung zum Leben, Meditations-Texte,* Konstanz: Nie/Nie/Sagen Verlag, 1987; 3. Aufl. 1996.

Stoller, Robert J., *Perversion. Die erotische Form von Haß*, Gießen: Psychosozial-Verlag (Bibliothek der Psychoanalyse), 1998.

*Sutta-Nipata. Früh-buddhistische Lehr-Dichtungen aus dem Pali-Kanon. Mit Auszügen aus den alten Kommentaren*, übersetzt, eingeleitet und erläutert von Nyanaponika, Konstanz: Christiani, 2., revid. Aufl. 1977.

Vaihinger, Hans, *Die Philosophie des Als Ob. System der theoretischen, praktischen, religiösen Fiktionen der Menschheit auf Grund eines idealistischen Positivismus. Mit einem Anhang über Kant und Nietzsche*. Berlin: 1911.

Wagner, Christian, *Neuer Glaube,* Kirchheim unter der Teck: Schweier 1894 (Faksimiledruck: 1980), S. 37 ff.

Wagner, Christian, *Gedichte*, herausgegeben von Ulrich Keicher, mit einem Vorwort von Albrecht Goes und 13 Zeichnungen von Gunter Böhmer, Stuttgart: Konrad Theiss, 1973.

Wagner, Christian, *Gedichte*, ausgewählt und eingeleitet von Hermann Hesse mit einem Nachwort von Peter Handke, Frankfurt am Main: Suhrkamp, 1980.

van de Wetering, Janwillem, *Ein Blick ins Nichts. Erfahrungen in einer amerikanischen Zen-Gemeinde*, Reinbek: rororo, 1985.

Winnicott, Donald, *Piggle*, Stuttgart: Klett-Cotta, 1980.

Yeshe, Lama Thubten, *Wege zur Glückseligkeit. Einführung in Tantra*, Arnstorf: Diamant, 2. Aufl. 1993.

Yoga Sikichai (siehe Nägele, Horst, *Die Heilkraft der Massage*, S. 5 und 48 f.).